制造业企业新型学徒制项目有效性研究
——基于人格特质的员工激活与创新提升

许 龙 著

清华大学出版社

北京

内 容 简 介

本书从人格特质视角探索我国制造业企业新型学徒制项目的有效性问题，基于实证研究范式开展系列研究，探索主动性人格特质、谦逊人格特质、中庸人格特质等对师徒双方心理、行为及幸福感的影响机制与边界条件，以期为我国制造业企业开展有效新型学徒制项目提供理论基础与实践参考，并从企业管理、人才开发、内部培训等角度为我国向制造强国转型和创新驱动战略的实施奠定基于企业新型学徒制项目的微观基础。本书主要面向从事人力资源管理实践与研究的广大读者。

图书在版编目(CIP)数据

制造业企业新型学徒制项目有效性研究：基于人格特质的员工激活与创新提升 / 许龙著.
—北京：清华大学出版社，2023.1
　　ISBN 978-7-302-62469-1

　　Ⅰ．①制…　　Ⅱ．①许…　　Ⅲ．①制造工业－工业企业－学徒－用工制度－研究－中国　　Ⅳ．①F426.4

　　中国国家版本馆 CIP 数据核字(2023)第 017009 号

责任编辑：陈　　莉
封面设计：周晓亮
版式设计：思创景点
责任校对：马遥遥
责任印制：曹婉颖

出版发行：清华大学出版社
　　　　　网　　　　址：http://www.tup.com.cn，http://www.wqbook.com
　　　　　地　　　　址：北京清华大学学研大厦 A 座　　　　　　　邮　　编：100084
　　　　　社 总 机：010-83470000　　　　　　　　　　　　　　邮　　购：010-62786544
　　　　　投稿与读者服务：010-62776969，c-service@tup.tsinghua.edu.cn
　　　　　质 量 反 馈：010-62772015，zhiliang@tup.tsinghua.edu.cn
印 装 者：三河市东方印刷有限公司
经　　销：全国新华书店
开　　本：170mm×240mm　　　印　　张：13.25　　　字　　数：198 千字
版　　次：2023 年 3 月第 1 版　　印　　次：2023 年 3 月第 1 次印刷
定　　价：98.00 元

产品编号：096011-01

作者简介 ———————————————————

　　许龙，管理学博士，河北经贸大学工商管理学院讲师、硕士生导师，公司治理与企业成长研究中心研究员，中国人力资源开发研究会京津冀协同发展人力资源开发研究中心特聘研究员，新西兰梅西大学访问学者，主要研究方向包括企业师徒制、员工幸福感与主动性等；近年来，主持省部级以上课题 5 项，公开发表 SCI 与 CSSCI 期刊论文 9 篇，出版专著 2 部。

前　　言

改革开放以来，中国经济虽已取得长足发展，但仍迫切寻求创新转型与产业升级，以求在发达国家"再工业化"浪潮中打造"制造强国"品牌。作为中国经济的主要构成部分，制造产业亟待由"量"向"质"的创新驱动转型升级，从而实现向全球中高端价值链的攀升，为中国经济打造驱动新引擎。无论是制造强国的打造，还是创新驱动转型升级的实施，均离不开技能型人才队伍的建设。为此，我国陆续出台诸如《关于全面推行中国特色企业新型学徒制　加强技能人才培养的指导意见》等政策法规，试图引导制造业企业开展新型学徒制项目，帮助新招用或转岗员工适应工作需求、化解职业压力，并从微观层面上支撑起技能型人才队伍的建设与发展。华为、格力等国内先进制造业企业和福特等世界知名制造业企业均已率先尝试开展新型学徒制项目。

然而，缘于传统社会结构的重构与打破，企业新型学徒制项目在实践层面上频繁出现负向师徒关系与消极师徒体验，甚至会影响企业竞争优势的获取与维持。鉴于此，本书试图从人格特质视角探索我国制造业企业新型学徒制项目的有效性问题，基于实证研究范式开展系列研究，探索不同人格特质对师徒双方心理、行为及幸福感的影响机制与边界条件，以期为我国制造业企业开展有效新型学徒制项目提供理论基础与实践参考，并从企业管理、人才开发、内部培训等角度为我国向制造强国转型和创新驱动战略实施奠定基于企业新型学徒制项目的微观基础。

为此，本书遵循"人格特质—心理/情感状态—积极行为与结果"的逻辑线索，立足于东西方人格特质(包括主动性人格特质、谦逊人格特质和中庸人格特质)，探索人格特质通过影响师傅或徒弟的心理、情感状态(包括心理授权、职业呼唤，建言效能感等)中介机制，实现对师徒双方包括主动性行为、上谏行为、工作幸福感等积极行为和结果的影响。以此为基础，利用299对师徒匹配数据开展结构方程模型分析并得出以下结论。

(1) 具有高主动性人格特质的徒弟能够获得师傅更多的指导行为(包括职业指导、心理辅导及角色改模),进而形成对自身职业的呼唤感知(即职业呼唤);师傅的主动性人格特质能够增强这一中介机制。

(2) 具有高主动性人格特质的徒弟能够构建更强的心理授权感知(包括自我效能、影响力、意义感及工作自主),进而更有意愿实施主动性行为,师傅的主动性人格特质能够增强这一中介机制。

(3) 师傅的谦逊人格特质能够通过促进徒弟形成职业呼唤这一浅层身心状态、影响建言效能感这一深层认知状态的增强,实现对徒弟上谏行为的影响。

(4) 师傅的谦逊人格特质能够通过增强徒弟对师傅的喜爱程度实现对徒弟上谏行为的触发,徒弟的主动性人格特质能够进一步增强这一正向中介机制。

(5) 师傅的指导行为有助于通过形成徒弟的职业呼唤而实现对其工作幸福感的积极影响;团队关系冲突对这一中介机制呈现 U 型调节效应,即当团队关系冲突较高或较低时,师傅的指导行为能够更强地促进徒弟形成职业呼唤、提高工作幸福感。

(6) 具有较高水平中庸人格特质的徒弟更有意愿实施建言行为,进而能够因基本心理需求的满足增强自身工作幸福感;这一中介机制会被团队冲突氛围强化、被团队建言氛围减弱。

整体而言,本书有别于以往的新型学徒制项目和师徒关系研究,从人格特质视角,通过系列研究分别探索了东西方人格特质理论对企业新型学徒制项目有效性的影响机制与作用效果,整合个体心理、情感维度明晰了这一人格特质影响学徒制有效性的内在机制与作用路径,并明确了团队氛围(包括团队冲突、建言氛围等)在这一过程中的边界条件与权变效应,在为相关研究提供新的研究视角、实践证据外,还有助于为制造业企业开展新型学徒制项目提供指导与参考。

许　龙

2022 年 12 月

目　　录

第一章　绪　论

第一节　研究背景与问题提出

一、中国经济寻求"制造强国"新引擎

自改革开放以来，中国经济已取得了长足的发展，跃然成为世界第二大经济体。2021 年国内生产总值达 1 143 670 亿元(比上年增长 8.1%)[①]。制造业作为国民经济的重要产业，是国家经济发展和竞争实力的有力支撑。截至 2021 年 11 月，全国规模以上工业企业实现利润总额 79 750.1 亿元(同比增长 38.0%)，规模以上工业企业营业收入利润率为 6.98%(同比提高 0.90 个百分点)[②]。显然，高速发展的中国制造业在总量上早已超越美国、日本、欧盟等国家和地区而跃居世界首位，成为名副其实全球首屈一指的制造大国(张双才和刘松林，2021)。

为进一步夯实中国实体经济基础、促进制造业转型升级，中华人民共和国国务院于 2015 年印发了《中国制造 2025》，作为促进中国由"制造大国"向"制造强国"转型的第一个十年行动纲要。"十四五"期间的"双循环"发展格局对"制造强国"的转型需求更为迫切。然而，这一愿景受制于凸显"新常态"特征的国内经济走势和力求转型升级的世界宏观产业结构，以要素驱动为主的制造业依旧处于中低端、低科技含

---

① 数据来源：中华人民共和国统计局. 中国经济年报[M]. 北京：中国统计出版社，2021.
② 数据来源：中华人民共和国统计局. 中国经济年报[M]. 北京：中国统计出版社，2021.

量和低附加值状态(张双才和刘松林，2021)，导致制造业面临着结构失衡、产能过剩和产品质量效益低下等问题(高青松和李婷，2018)。我国制造业的自主创新能力、资源利用效率、智能制造水平等方面与制造强国相比差距依旧明显，其技术基础薄弱、关键核心技术被"卡脖子"、享誉国际的知名品牌和产品稀缺等问题仍未能有效解决。

因此，面对"再工业化"浪潮，作为经济主要构成部分的中国制造业，亟待由"量"向"质"的顺利转型升级，实现向全球中高端价值链攀升的战略目标，为中国经济打造驱动新引擎。

二、制造强国转型依赖创新驱动发展

制造业的转型升级，实质在于把握新一轮全球科技革命和产业变革机遇，通过核心技术的创新解决"卡脖子"难题，以新一代信息网络技术为工具重构制造生产流程与商业模式，最终实现现代产业体系构建和制造业由"量"到"质"的飞跃(方行明等，2021)。因此，创新驱动是制造业实现由大变强、转型升级的关键所在。

作为复杂系统工程，创新不仅要确保资金、人才、劳动力、能源等创新要素的高效供给，也需要制度、管理、科技等创新环境的协调运作(张双才和刘松林，2021)。不同于依靠生产要素(如劳动力、土地、能源、资金等)过度投入的传统模式，以创新为驱动的发展模式是指在资源要素投入水平恒定的情况下，以新的生产条件、全新的要素组合模式重塑一种新的生产体系，其包括了五种创新形式：引入新产品、创造新方法、开辟新市场、拓展新渠道和构建新组织形式(约瑟夫·熊彼特，2015)。随着时代的发展及第三次科技革命对制造产业的推动，学者与实践管理者们愈发意识到，作为一种复杂系统工程，无论是产品创新，抑或工艺改善，其核心内涵在于科技创新(傅家骥和雷家骕，1995)。

作为制造业发展过程中不同的驱动模式，要素与创新驱动交织共同促进制造产业的升级与发展。制造产业发展初期多以生产要素的价格优势或市场优势为驱动力量，科技创新虽缺乏系统性与常态化，但依旧存在(张双才和刘松林，2021)。在制造产业发展的中后期，伴随着生产要素价格上涨、国内消费市场饱和等原因，必然要通过引进、应用高精尖技术改造生产条件和重构要素组合，以寻求要素驱动向创新驱动的转型升级(张双才和刘松林，2021)。

当前，我国制造业发展正处于产业发展的中后期，属于转型升级的关键节点。"十二五"期间，我国国内劳动力价格已明显呈现上涨趋势，以"产能过剩"为表现的国内消费市场饱和、出口贸易下行压力过大等情况均对我国制造产业向创新驱动转型提出了紧迫要求(罗晓梅，2016)。然而，我国制造业仍呈现出较高程度的核心技术匮乏的特征，多集中于技术含量较低的初级加工产品，且终端产品多基于引进先进生产线、机器设备等模式(方行明等，2021)。这种"组装车间"模式导致我国制造产业效益不佳、利润率极低(2009年至2019年期间仅在5.56%至7.02%之间，远低于美国制造业利润率平均水平)。另外，诸如数码芯片等核心关键技术的难以攻克导致了我国制造业严重受制于发达国家。

鉴于此，面对"十四五"规划期间"双循环"发展格局，我国迫切需要由"制造大国"向"制造强国"转型与发展，进一步提升创新驱动发展动能，通过核心技术突破、质量品质提升等途径打造中国品牌，提高产品质量，提升中国制造的国际竞争力。

三、创新驱动发展得益于人才队伍建设

创新驱动的本质在于依靠内嵌于劳动者且以知识、技术、经验等形式存在的创造力在设计、生产、运营过程中引入并改造技术，实现产品、服务等的创新，从而获取成本压缩、市场拓展等竞争优势(钱津，2017)。习近平同志在党的二十大报告中反复强调指出"必须坚持科技是第一生产力、人才是第一资源、创新是第一动力，深入实施科教兴国战略、人才强国战略、创新驱动发展战略，开辟发展新领域新赛道，不断塑造发展新动能新优势""全面提高人才自主培养质量，着力造就拔尖创新人才，聚天下英才而用之""坚持尊重劳动、尊重知识、尊重人才、尊重创造，实施更加积极、更加开放、更加有效的人才政策。"

在《国家中长期人才发展规划纲要(2010—2020年)》中人才被划分为六大类：党政人才、企业经营管理人才、专业技术人才、高技能人才、

农村实用人才及社会工作人才。其中，高技能人才对制造业高质量发展和"制造强国"打造至关重要(刘泽双和丁洁，2020)。在过去十余年间我国投入大量资金加强对高技能人才的培养。1998 年以来，我国教育投入占国内生产总值的比例增加了 2 至 3 倍、大学数量翻倍、毕业生人数总量也提升了数十倍。然而，制造业中高技能人才的极度短缺状态普遍存在于我国，乃至全球。麦肯锡研究所预测，截至 2020 年，全球制造业领域技能人才缺口高达 1 300 万左右。就我国而言，截至 2021 年 3 月，我国技能劳动者超过 2 亿人，其中高技能人才超过 5 000 万人，但技能劳动者仅占就业人口总量的 26%；"十三五"期间，我国新增高技能人才超过 1 000 万人，但高技能人才仅占该类人才的 28%，仍与发达国家存在较大差距。《人口与劳动绿皮书(2021)》亦指出，我国技能人才队伍存在规模偏小、技能缺口普遍存在、高技能人才比例较小、结构不合理等问题。

综上所述，目前我国正处于制造强国转型的关键节点，随着中国人口红利的消失，技能人才比例偏低、高技能人才严重匮乏等问题已然成为制约我国制造产业转型发展和企业核心竞争优势获取的瓶颈(刘泽双和丁洁，2020)。无论是理论研究抑或是相关政策文件均指出，产业结构升级与制造强国转型均对高技能人才的数量与质量提出了更高要求，我国迫切需要建立一支数量充足、质量过优的"大国工匠"队伍，为支撑制造强国转型和创新驱动发展提供夯实的高技能人才基础。

四、建设人才队伍须以企业学徒制为主体

技能人才需求日趋旺盛，加快提升制造业劳动者素质、壮大技能劳动者队伍，是打造制造强国、实现创新驱动的当务之急与长远之计。为打造高技能人才队伍，我国持续加大技能教育和培训投入，出台了助学金、学费减免等一系列优惠政策，切实提高了"职普比"，但依旧难以解决中等职业教育发展面临的困境，且难以为制造业提供足够的技能人才。统计显示，我国目前共有技工院校 2 400 所，在校生约 360 万人，年均向社会输送约 100 万毕业生；2020 年已突破 160 万余人(近 9 年最大规模的招生)。《人口与劳动绿皮书(2019)》显示，截至 2017 年，中国

劳动人口减少了 578 万，长三角地区的 16 座城市 120 家企业对(高级)技工需求高达 68%(张车伟等，2019)。

换言之，仅依靠国家大力投入资金开展技能教育培训、健全技能教育体系并不是足够、有效的，还需依靠以企业为主体、资金源头多样化的在职培训活动。仅在"十三五"期间，我国为企业在职员工累计开展了政府补贴性培训(如百日免费线上技能培训行动、农民工就业职业技能培训计划等)近 1 亿人次(李心萍，2021)。将企业作为开展技能提升培训项目能动主体的原因在于，只有用人单位最了解劳动者所面临的技能需求，能够更有针对性地为劳动者提供订单式、套餐制的培训活动。

但是，因技能人才的培养周期长、投入成本高且人员流动大，很可能导致企业的技能提升投入付诸东流，难以收回成本。为此，一方面国家试图通过构建政府财政资金、企业职工教育经费、社会捐助赞助、劳动者个人付费的多源头资金保障体系，另一方面也出台了一系列诸如《职业技能提升行动方案(2019—2021 年)》《关于全面推行中国特色企业新型学徒制加强技能人才培养的指导意见》等政策性文件倡导企业开展新型学徒制项目，以帮助新招用或转岗员工提升生产岗位能力、安全生产技能、职业道德与素养等。

因此，以企业为主体开展新型学徒制项目是党和国家在健全技能教育体系的同时为建设技能人才大军所重点倡导的建设方向。以企业新型学徒制项目为引领，一方面可以帮助新招用或转岗员工提高技能水平，另一方面也可以帮助制造业企业提高产品质量、推出优良产品和服务、获取并维持竞争优势，同时也可以为我国制造强国的打造奠定夯实的技能人才基础和大国工匠队伍。

五、学徒制关键在于构建和谐师徒关系

《关于全面推行中国特色企业新型学徒制加强技能人才培养的指导意见》中指出，要为技能岗位新招用或转岗人员配备(企业和院校)师傅以提升适应产业转型升级、高质量发展要求的生产岗位技能、数字技能、绿色技能、安全生产技能和职业道德、职业法律常识、创业创新、健康卫生等内容。在党和国家的政策引导下，众多企业已愈发意识到

推行学徒制项目的必要性和价值性，试图通过构建有效学徒制项目帮助新招用或转岗员工适应工作需求、缓解心理压力并促进职业发展(Kram，1983，1988)，以及帮助企业实现隐性知识转化与组织惯例传承并在激化竞争中获取与维持竞争优势(叶龙等，2020)。华为、格力等国内先进制造业企业和福特、通用等世界知名制造业企业均已率先尝试开展新型学徒制项目。以华为为例，其不仅重视开展有效学徒制项目、构建和谐师徒关系，还出台了一系列学徒制规章制度以确保项目的顺利实施，更将师傅指导徒弟的结果作为师傅的绩效指标之一纳入组织绩效管理体系之中(叶龙等，2020)。以往研究发现，企业学徒制项目能够给学徒带来职业成功所必需的技术、社会与心理支持(如促进职业成功、提高工作绩效、降低工作焦虑、推进工作繁荣等)(韩翼和杨百寅，2012；Allen 等，2004；Eby 等，2008)，也有助于师傅在职场中获得物质回报和心理福利(韩翼等，2013)，亦能够有效提升员工士气、组织承诺并降低离职率、提高组织竞争力等(曾颢和赵曙明，2017；Hunt 和 Michael，1983)。

"三人行，必有我师焉"，学徒制项目/师徒关系在中国由来已久，尤其在传统手工业界这种关系更为普遍。在传统学徒制项目中，手工作坊会以技艺教授的方式获得相对廉价的劳动力，在节约人工成本的同时实现技艺的传承与延续。对学徒而言，在学习知识、习得技艺的同时，也能够得到一定报酬。然而，中国传统学徒制项目中的师徒双方往往会超越工具理性(如师傅将学徒视为廉价劳动力或学徒学习技艺的目的仅为获取劳动报酬)，而是构建一种在传统社会结构中的"类家"模式。这一模式的形成，一方面源于"尊老爱幼"的传统美德，另一方面也受到了"尊卑有序"的民族文化心理的影响(潘安成和刘泱君，2020)。"老吾老以及人之老，幼吾幼以及人之幼"，在人际交往过程中尊重长辈和爱护晚辈的传统习俗，确立了一种长幼有序的代际规则来确保组织内部的稳定和持续。在学徒制项目中，"长幼有序"的代际规则会进一步发展成为"尊卑有序"的组织惯例。"尊"与"卑"的区别并不在于阶级层次，而是因经验、智慧和技艺差异而产生：积累了丰富经验的师傅在受到徒弟尊重后会自发以关爱回馈，并对徒弟不藏私地传授技艺；资历浅的学徒在感受到师傅的关爱时也会更加积极地投入到技艺学习、职责达成等任务之中(潘安成和刘泱君，2020)。在这一过程中不仅有类似于西方学徒制项目中的社会性资源和技术性资源的交换与流动，更重要的是在组织内形成了"家文化"的同构形态，通过纵式差序格局实现"长幼顺，故上下治"的稳定技艺代际传承结构。

然而，伴随着中国改革开放与工业化进程，"长幼有序"和"尊卑有序"等传统社会结构被冲击和打破，企业学徒制项目也不再仅仅是"师严子敬"的传统模式，而演变成为一种看重企业盈利与投入产出的人力资源开发手段(崔琦和何燕珍，2019)。在剥离"家文化"后的学徒制项目中，因师徒双方不可避免地需要面对企业内外各类利益、目标与情感冲突，师徒双方在指导过程中存在的消极指导行为愈发凸显(Yi 等，2017)。这一消极师徒关系的现象并不仅仅局限于中国的情境下，如Kram 和 Isabella(1985)发现每 18 个学徒中就至少有 1 位认为师徒关系呈现消极状态、Eby 和 McManus(2004)对美国制造业和服务业的调查研究也发现了师徒双方在企业都会遭遇不同程度和类型的消极指导经历而降低双方对企业利润的贡献。

综上所述，企业新型学徒制项目作为现代企业人力资源开发的重要手段之一，其效率性与效益性对学徒、师傅与组织三方而言均有显著影响。然而，在中国情境下因传统社会结构被打破，实践领域中频繁出现了负向师徒关系的现象与问题，已严重影响我国制造业企业质量的提升与竞争优势的获取，在微观层面上制约了我国制造强国转型和创新驱动发展。相较国外，我国的企业学徒制研究起步相对较晚，目前仍处于探索阶段，尚未形成系统的分析框架(曾颢和赵曙明，2017)。因此，本书立足中国国情和企业学徒制项目实情，试图通过一系列理论模型构建与实证分析检验，从人格特质视角出发探索我国制造业企业学徒制项目有效性的相关问题，以期为相关企业后续开展有效的学徒制项目提供理论基础与实践参考，并从企业管理、人才开发等视角为我国向制造强国转型及创新驱动战略的实施奠定企业层面的人才基础。

第二节　研究目标、内容与意义

一、研究目标

为明晰我国制造业企业学徒制项目有效性的相关问题，本书从人格特质视角切入开展基于企业新型学徒制的系列研究，以期回答这一整体的研究目的，即在企业新型学徒制场景下，师徒双方所具备的人格特质是否影响及如何影响学徒制项目的有效性，并且探索这一效应或机制所具备的权变因素和边界条件。

为了实现该研究目的，本书将通过 6 项实证研究，分别从西方主流人格特质(主动性人格特质)、中国情境下的人格特质(谦逊人格特质、中庸人格特质)和东西方人格特质交互效应 3 个视角探索企业新型学徒制项目的前因机制和后效功用，以期回答如下问题。

(1) 主动性人格特质这一西方主流人格特质在中国制造业企业学徒制项目中对徒弟的相关要素(职业呼唤、主动性行为)有何影响，其影响机制如何？

(2) 谦逊作为中国情境下备受推崇的人格特质，在现代制造业企业学徒制项目中能否及如何促发徒弟上谏行为，其具体机制如何？

(3) 当具备谦逊人格特质的师傅与具备主动性人格特质的徒弟配对形成师徒关系时，新型学徒制项目能否发挥预期效果(激活徒弟主动性行为、徒弟上谏行为等)，其内在机制如何？

(4) 当新型学徒制项目配置合理、师徒关系和谐有效时，能否缓解组织中因管理不善带来的冲突加剧状况，以及成为徒弟的"解压器"和"缓冲带"并提升其幸福感，其具体机制如何？

以上研究问题的解答与明晰，在推进企业学徒制(师徒关系)、主动性人格特质与行为、谦逊人格特质等相关理论研究的同时，也为后续我国制造业企业开展新型学徒制项目、构建和谐师徒关系、进行有针对性的管理培训提供理论指导与实践参考。

二、整体框架与研究内容

本书遵循"人格特质—心理/情感状态—积极行为/结果"这一逻辑线索，分别立足东西方人格特质理论从师傅和徒弟的双重视角探索制造业企业新型学徒制项目中师徒双方人格特质对师傅和徒弟相关要素的影响机制与作用效果，整体研究框架如图 1.1 所示。

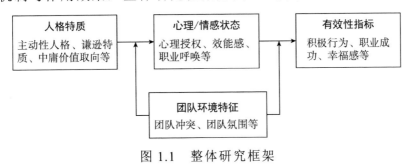

图 1.1　整体研究框架

整体而言，本书首先通过国情分析、实地调研等方法进一步明确拟探究的研究问题(第一章)，通过文献查找、阅读与梳理为后续实证研究奠定理论基础(第二章)，通过问卷调查法、结构方程模型等方法对后续实证研究中所用到的数据基础和方法基础进行综合性介绍(第三章)。以此为基础，后续实证研究基于人格特质视角，从 3 个角度开展了 6 项研究，检验东西方人格特质对学徒制项目有效性的影响效果和作用机制，以及这一机制的边界条件和权变要素(如图 1.2 所示)。

第一个角度基于西方人格特质领域的主流人格特质——主动性人格特质，对学徒制的有效性开展研究(第四章和第五章，如图 1.2 所示)。第四章基于师傅视角，探索在不同的师傅与徒弟主动性人格特质的状况下，师傅指导行为的发生机制及其对徒弟职业呼唤的影响(如图 1.2(a)所示)。第五章基于徒弟视角，探索在不同的师傅与徒弟主动性人格特质的状况下，徒弟心理授权的形成机制及其对徒弟主动性行为的影响(如图 1.2(b)所示)。

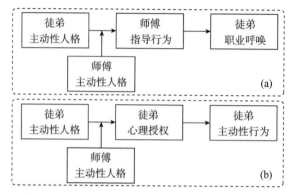

图 1.2   主动性人格特质研究的理论模型

第二个角度基于东方传统人格特质——谦逊，在企业新型学徒制场景下检验师傅所具备的谦逊人格特质是否促发及如何促发徒弟的上谏行为(第六章和第七章，如图 1.3 所示)。具体而言，第六章构建了一个由浅层情感(职业呼唤)过渡到深层认知(建言效能感)的师傅谦逊对徒弟上谏行为的效能唤醒机制(如图 1.3(a)所示)，一方面从谦逊人格特质视角切入企业新型学徒制项目的有效性研究，另一方面也在现代职场的学徒制场景下对谦逊这一中国传统美德的效用性进行检验。第七章则整合东西方人格特质(师傅谦逊与徒弟主动性人格特质)，将徒弟情感(徒弟对师傅的喜好)作为重要的中介机制，探索了谦逊人格特质在学徒制场景下对徒弟上谏行为的影响机制(如图 1.3(b)所示)，一方面进一步补充了在人格特质研究中相对匮乏的对情绪维度的探索；另一方面这也是从情绪维度对谦逊人格特质在现代职场的学徒制场景中的有效性的尝试探究。

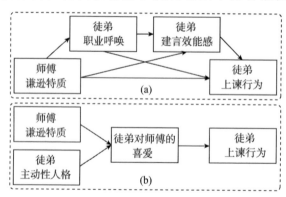

图 1.3   师傅谦逊人格特质研究的理论模型

第三个角度是企业新型学徒制的功效性研究(第八章和第九章，如图 1.4 所示)。这一部分主旨探索在不同师徒团队氛围中，师傅和徒弟的利组织行为会如何影响徒弟及师傅自身的幸福感，并明晰其内在机制。第八章在团队关系冲突的情境中探索了师傅指导行为通过影响徒弟职业呼唤进而提升其幸福感的作用机制(如图 1.4(a)所示)。第九章在团队冲突氛围和团队建言氛围的情境中探索了具有中庸人格特质的徒弟如何通过实施建言行为而获得"执中求和"的幸福感(如图 1.4(b)所示)。

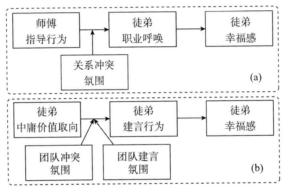

图 1.4 学徒制功效性研究的理论模型

三、研究意义

基于人格特质视角开展中国制造业企业新型学徒制项目及师徒关系的有效性研究，从整体来看具有以下理论意义与实践价值。

(一)理论意义

(1) 有别于以往的学徒制项目、师徒关系相关研究，多关注于其后效影响(如徒弟职业成功或组织绩效)及作用机制(如社会学习、社会交换、社会资本)等内容(曾颢和赵曙明，2017)，本书从人格特质视角切入制造业企业新型学徒制项目及师徒关系有效性的前因变量研究，通过系列研究分别探索西方主动性人格特质和东方谦逊人格特质、中庸人格特质对企业新型学徒制项目有效性的影响和作用机制，为企业新型学徒制研究提供了新的研究视角和实证证据。

(2) 有别于以往研究中基于社会学习理论、社会认同理论、社会交换理论或社会资本理论从工具理性角度出发探索的如知识共享、组织认同、网络结构等方面对学徒有效性的影响(曾颢和赵曙明，2017)，本书聚焦于个体心理、情感维度，探索人格特质与企业新型学徒制有效性相关变量的影响机制与中介路径，通过系列研究分别探索了诸如徒弟职业呼唤、徒弟对师傅的喜爱等价值理性变量与作用路径，为明晰企业新型学徒制有效性研究补充了新的中介路径与影响机制。

(3) 有别于以往学徒制研究集中探索影响企业新型学徒制有效性的前因变量和探索企业新型学徒制项目对徒弟职业生涯发展和职业成功等后效变量的相关研究(曾颢和赵曙明，2017；韩翼等，2013)，本书在不同团队氛围(团队冲突氛围和团队建言氛围)下探索了师徒双方性格特质、行为倾向与徒弟幸福感的影响效果与关联机制，在进一步为新型学徒制项目的有效性提供实证数据外，也为企业开展幸福管理提供基于企业新型学徒制的实践参考。

(二) 实践意义

(1) 学徒制场景作为新入职员工重要的工作场景，对尚不了解组织内隐规则、尚不清晰工作职责范围的新入职员工而言，是其构建工作社交关系、了解组织潜在规则和内隐文化的重要途径。因此，本书从人格特质视角切入，通过一系列实证研究得出的相关结论，能够为新入职员工(或徒弟)提供基于证据的构建师徒关系、参与学徒制项目的指导，帮助其从学徒制角度形成自身职业发展和绩效提升的策略。

(2) 参与学徒制项目是资深员工(师傅)进一步提升组织阶层、获得组织影响力的途径之一，但培养出一批工作能力强、工作态度佳的新员工(徒弟)是其获得晋升和认可等一系列后效性激励的前提条件。本书通过揭示主动性人格特质、谦逊人格特质等对制造业企业学徒制项目有效性的影响效果及其内在机制，有助于资深员工(师傅)在实践过程中根据新员工(徒弟)的个人特质和情感、心理状态调整指导行为，以实现对新员工能力、心理和职业的支持等，为增强学徒制项目的有效性、构建和谐的师徒关系，以及促进资深员工提升职场能见度、认可度提供借鉴和参考。

(3) 学徒制项目是企业传递隐性知识、帮助新员工社会化、识别高潜力员工的人力资源开发实践之一，是在知识经济和数字经济时代确保组织获取竞争优势的重要源头。然而，众多研究已经证实了学徒制项目在实施过程中广泛存在负向经历和消极影响(崔琦和何燕珍，2019；邓奔驰等，2018)。因此，本书分别从师傅和徒弟的人格特质出发，破解学徒制项目有效性的制约要素并明晰其内在作用机理，一方面有助于企业更科学、有效地开展学徒制项目，另一方面也可以为企业开展师资培训、指导技巧等培训活动提供理论参考。

第三节　研究设计与技术路线

一、研究设计

以制造业企业新型学徒制项目的有效性问题为研究对象，本书运用实证研究范式，从人格特质视角出发探索其对学徒制项目中师徒双方的心理、情感状态和行为实施的影响效果与作用机制，检验了中介、调节和链式中介效应等。首先，通过检索、收集、阅读文献，综合述评现有文献中关于学徒制、师徒关系的研究，为后续实证研究中构建理论模型与研究假设奠定坚实的理论基础。其次，采用问卷调查法对河北省 3 家制造业企业中的师徒配对开展调查，针对双方的人格特质、心理/情绪状态和行为特征进行数据收集。最后，采用 Mplus、SPSS 等软件对回收的有效数据开展结构方程模型分析，分别对理论模型和理论假设进行检验，最终以实证结果为基础构建提升制造业企业学徒制项目有效性的对策与建议。

二、研究方法

遵循实证研究范式，本书依次采用文献研究法、问卷调查法及结构方程模型法开展研究，主要运用到的统计分析软件包括 SPSS、Mplus 等。

（一）文献研究法

文献研究法是开展学术研究的起点并贯穿研究过程始终。在研究过程中，对现有的研究进行回顾、梳理与总结，有助于确保研究的严谨性、规范性和创新性。本书分别从概念界定、维度划分、操作测量及前因后效等方面对涉及的人格特质、心理/情绪和行为倾向等重要概念进行述评，明确核心构念的理论边界、发展脉络和研究基础；同时以此为基础，阐述本书的理论意义并进一步凝练研究问题，从主动性人格特质、谦逊人格特质及中庸人格特质等东西方人格特质出发，构建制造业企业学徒制项目有效性的影响因素、作用机制及后效影响等的理论模型与研究假设。

（二）问卷调查法

本书基于文献研究法对涉及的核心构念内涵、维度等进行辨析，收集、整理、改编并形成核心概念问卷量表；通过邮寄、现场调查等方式获取后续用于结构方程模式的研究数据。研究数据真实有效，是研究结论可靠、可信的前提和保障。为此，本书遵循科学研究原则、方法和步骤开展问卷调查，具体步骤如下。

（1）问卷设计。以权威问卷为基础设计调查问卷由 3 部分构成：一是对研究目的、意义和价值的简单介绍；二是问卷填答者的基本信息表；三是所涉及变量的测量问卷主体。为了确保研究的信度与效度，对英文量表反复采用"翻译—回译"的方式以确保原始问卷的完整保留。在此基础上，根据研究目的对经典问卷进行修正。

（2）预调研与正式调研。虽然调查问卷借鉴了被广泛采用的权威量表，并且多在我国情境下开发设计，但是根据研究目的对量表进行了修正和调整，故开展预调研活动对量表的信度与效度进行检测。在确保量表的信度和效度后，再开展大规模的正式调研活动。

（3）样本描述性统计分析。在问卷回收后，运用 SPSS 软件对回收数据的质量进行人口统计学分析，确保所回收样本的相关特征与整体具有一致性。

（三）结构方程模型

结构方程模型作为一种特殊的回归分析方法，其通过构建测量模型实现对所研究构念更为精确的测量，进而开展结构模型的分析和研究假设的检验，同时能够规避一定的测量误差并确保研究结论的科学有效性。结构方程模型是以理论为基础的实证研究方法，必须以理论构建与理论假设为基础。故而，文献研究法为开展结构方程模型分析提供了理论指导，问卷调查法为开展结构方程模型分析提供了数据基础。通常而言，结构方程模型包括信度与效度检验(包括探索性因素分析、结构性因素分析)、相关分析、中介效应分析和调节效应分析等模块，需要运用回归分析、Bootstrap 技术方法。

三、技术路线

本书的内容框架与技术路线如图 1.5 所示。

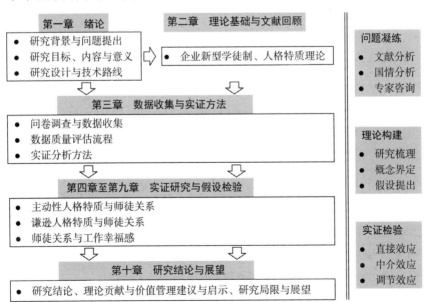

图 1.5　本书内容框架与技术路线

第二章 理论基础与文献回顾

第一节 企业新型学徒制

一、企业学徒制的概念内涵

企业学徒制(enterprise mentoring program)是现代企业为适应日趋激烈的竞争环境而对传统学徒制模式改造的结果，是企业开展人力资源开发与培育的重要途径之一。在学徒制项目中，通常由组织中资格较深的员工担任师傅(mentor)角色，通过向新入职员工或新任岗位员工(即徒弟)提供关于能力提升、职业发展及心理辅导活动而形成师徒关系(Kram，1983)。

1983 年，Kram 基于社会学习理论指出徒弟在学徒制项目中能够获得师傅的职业指导和社会支持的利好。其中，职业指导是指在学徒制项目中，师傅通过工作指导、职业规划、"干中学"等举措提高徒弟的工作能力并促进其职业发展等；社会支持更多地体现在师傅对徒弟的情感关怀与心理疏导方面，通过心理支持、接受认可、关系协调等方式帮助徒弟更好地适应组织环境、缓解工作压力等。Scandura 和 Ragins(1993)以 Kram 的区分为基础，进一步从"社会支持"中提炼了"角色模范"这一职能，意指在师徒双方互动的过程中，师傅通过言传身教、以身作则等行为将组织的行为规范、底层逻辑及核心价值观等内隐文化外显，从而帮助徒弟了解组织的潜规则。至此，有学者尝试从职业指导、社会支持和角色模范 3 种职能出发,探索师傅对徒弟的工作能力、心理状态、价值倾向及行为特征的影响。

综上所述,本书将企业新型学徒制项目界定为:组织为实现知识传递、人才开发等目的,将资深员工与新任员工配对组合后形成的一种制度化正式组织关系。在学徒制项目中,担任师傅角色的资深员工具有更为丰厚的知识、经验和能力,也更为熟知组织规范和潜在规则,亦有帮助徒弟规划职业发展、进行心理纾解和树立角色模范的意愿和态度。作为徒弟的新进员工,通过参与学徒制项目与师傅构建和谐有效的师徒关系,能够在工具理性层面上获得更好的职业发展和角色榜样支持,而且能够在价值理性层面获得师傅的心理疏导和角色规范效果,从而能够更好、更快且更有效地适应新的组织环境、工作职责等。

二、企业学徒制的类型

根据不同组织实施学徒制项目的制度、规则的不同,企业新型学徒制项目可依据不同的实施标准分为以下不同类型。

1) 正式学徒制和非正式学徒制

依据组织是否存在学徒制项目的规章制度及师傅指派的正式程度,分为正式学徒制和非正式学徒制。当组织将学徒制项目作为人力资源管理实践的活动之一,由组织在特定的时间节点(如入职初期、转岗初期等)指派资深员工承担师傅角色,以帮助新进员工(即徒弟角色)完成现阶段职场、工作或任务的短期目标。此时,师傅与徒弟之间的关系更为稳定和制度化,目标更为明确,更加倾向于完成任务的维度。

与此相对,非正式学徒制的形成基于师徒双方的彼此认同,以正向情感、积极关系为基础。此时,师徒关系的形成更倾向于私人维度,并且更为关注徒弟的长期发展(Ragins 和 Cotton,1999)。鉴于正式学徒制和非正式学徒制的形成基础差异,正式学徒制存续时间较短,多为六个月至一年,待完成学徒制项目的既定目标后即可解除;非正式学徒制的存续周期长达三至六年,这得益于其建立的基础在于师徒双方因彼此认同而建立起的信任、默契及和谐的关系。有研究发现,正是因为非正式学徒源于自愿、始于认同的关系模式,使得处于学徒制项目中的师傅更愿意为徒弟的成功投入时间与精力，徒弟也因此能够获得更多的指导、关怀与帮助，从而更容易获得职业成功(Ragins 等，2000)。

2) "一对一"和"多对多"学徒制

在传统的学徒制项目中，通常会形成"一对一"的师徒关系，其所具备的集中性和排外性能够让师徒之间能够形成较为亲密和彼此认同的师徒关系，能够确保徒弟获得更为集中和频繁的指导(杨英等，2006)。然而，伴随着外部竞争的加剧、劳动力市场的多元等外部变化，"一对一"的传统学徒制项目难以满足企业人力资源开发的需求，也会造成优质员工潜能的浪费，故而催生了"一对多""多对多"的学徒制项目类型。与"一对一"学徒制项目相比较，"一对多""多对多"学徒制项目的存续时间更短，师徒之间的关系也更为松散，彼此的承诺程度较低(Whitely 等，1992)。但因师傅、徒弟参与学徒制的功能、目的等不同，师徒双方依据目标挑选契合彼此目标的师傅或徒弟，有助于更好地开展指导活动和获取更多元的师傅指导，从而也更有利于徒弟获得职业成长和发展。

3) 直属学徒制和非直属学徒制

依据师徒双方在组织中的权力归属，可以将学徒制分为直属学徒制和非直属学徒制。直属学徒制是指承担师傅角色的资深员工是承担徒弟角色的新进员工的直接管理者，师傅对徒弟具有管理职权。直属学徒制属于正式学徒制的一种，是因组织正式指派或因管理和被管理关系而形成的。因此，在此状态下，师傅在师徒关系中具有支配权力，不仅决定着工作分配、资源配置，还影响着徒弟的绩效评定、晋升评价，是徒弟职业生涯中至关重要的社会关系。例如，Ragins 和 McFarlin(1990)研究发现，当师傅具备组织的正式职权时，能够接触到更广泛的组织信息、调配更多组织资源、更靠近组织社会网络的中心地带，也因此能够为徒弟带来更多的发展机会、提供更具针对性的技能发展和职业指导。与之相对，非直属学徒制中因师傅不具备徒弟的直接管辖权，师徒双方作为相同组织层级的同事，能够形成更为平等、轻松、融洽的互动氛围，也更能设身处地地理解徒弟所处的情景、所遭遇的困境和所需要的帮助与指导，从而提供更为有效的职业指导和心理疏导。这是直属学徒制项目难以提供的优势，但也正因师傅角色与主观角色的边界模糊而容易导致徒弟在师徒指导中难以获得更多知识与提升(Kaye 和 Jacobson，1996)。

4) 团队学徒制

伴随着企业外部环境的瞬息巨变，组织为更快捷地响应外界的变化并采取应对措施而尝试开展扁平化的组织结构变革，团队也日益成为现代组织的重要构成和基本单元，故而涌现了以团队为基础的团队学徒制项目。在团队学徒制项目中，担任师傅角色的并非团队的管理者，而是由团队成员(包括团队正式管理者)彼此提供技能提升、心理疏导和职业发展等指导活动(Kaye 和 Jacobson，1996)。因此，团队学徒制可以形成一种更为密集且网络化的社会关系。在团队学徒制项目中，师徒关系不仅涉及管理者与团队成员的上下级关系，更涵盖了团队成员之间的平等关系。此时，团队成员间因具备差异化的教育背景、工作经历和专业特长，能够通过社会学习、工作分工等机制更多源地获取任务信息、更快捷地响应任务需求，从而更高效地实现学徒制项目的功能与目的。

三、企业学徒制的影响因素

在探索影响企业学徒制项目的影响因素时，当前研究主要集中在个体因素(师傅、徒弟)、师徒匹配因素和组织因素 3 个层面。

1) 个体因素

(1) 师傅因素。影响企业学徒制项目有效性的师傅因素包括其性别、年龄、教育背景、指导经历及职位等。①性别。一方面，以往女性员工的指导意愿相对较低(Noe，1988)，并且提供较少的职业发展指导，但其能够更好地提供心理支持(Allen 等，2004)。随着职场中男女性别日趋平等，以上差异逐渐弱化(Mullen 和 Noe，1999)。②年龄。Ragins 和 Cotton(1999)认为随着年龄增长,资深员工倾向于为组织留下更多"遗产"，因而有意愿付出更多的时间、精力和经验指导新进(晋)员工。其他学者则持相反观点，认为相对年轻的员工因与新进员工的经历相近进而因同理心作用对其实施更多的指导行为。③教育背景。受教育程度越高的师傅越不担心徒弟"青出于蓝"，从而更有意愿为徒弟提供职业指导和心理疏导(Campion 和 Goldfinch，1983)。④指导经历。拥有更多指导经验的师傅往往更胜任学徒制项目中的指导职责(Fagenson-Eland 等，

1997)。⑤职位。处于直属领导者职位的师傅，能为徒弟提供更多的职业晋升、绩效评级等资源、信息和机会，更有助于徒弟获得职业成功。⑥性格特质。师傅的性格特质对学徒制项目的影响是学者们关注的焦点。以往的研究发现，当师傅具有高马基雅维利人格特质(即操纵权术以利己)时，因过于关注自身利益而无法为徒弟的发展提供有益指导，甚至会对徒弟实施行为控制等手段。在中国情境下，学者以师傅"面子需要"为切入点，发现当师傅挣面子和护面子的需求越高，越能够正向影响师徒关系和学徒制的有效性(童俊等，2017)。

(2) 徒弟因素。类似师傅的个体因素，徒弟的年龄、受教育程度、学习能力与意愿等会影响学徒制项目的实施与开展。①年龄。相对于年长徒弟，年轻徒弟更具开发潜力，因其资历尚浅、工作经验不足，故而能够更为虚心地接受领导者的建议和指导，更好地发挥学徒制项目的功效(Ragins 和 McFarlin，1990；Whitely 等，1992)。②教育背景。受教育程度越高的徒弟越乐于接受师傅的指导，也更易获得学徒制项目的利好(Whitely 等，1992)。③学习能力与意愿。Allen 等(2004)发现当师傅面对学习能力与意愿较强的徒弟时更有指导意愿，更愿意为其提供技能指导和角色示范，这来源于师傅内在动机的满足(陈诚等，2010)。④性格特征。徒弟的内控焦点、自尊倾向、自我监控等人格特质均会影响学徒制项目的有效性。Byrne 等(2008)发现，主动性较高的徒弟能够更主动地寻求信息反馈，正向影响师傅的指导行为，促进学徒制项目目标的达成。在中国情境下，韩翼和杨百寅(2012)证实了高政治素质的徒弟能够获得更多的机会与师傅接触、沟通与合作，构建更为积极、彼此信任的师徒关系，实现自身职业生涯的成功。

2) 师徒匹配因素

学徒制项目能否顺利实施取决于师徒双方是否构建了积极和谐的师徒关系，这受限于师徒双方的性格构成、人格特质的相似性、师徒属性等因素。①性别构成。性别相同的师徒关系更具成效，同性的师傅能够为徒弟提供更多的社会心理援助(Ragins 和 Cotton，1999)，异性的师傅能够为徒弟提供较多的角色榜样、较少的职业支持。值得注意的是，当师傅为女性、徒弟为男性时，师徒关系往往呈现消极状态，并不利于学徒制项目目标的实现。②人格特质的相似性。受趋同效应的影响，当师傅感知到师徒人格特质的相似程度越高时，越会表现出对徒弟的偏爱，也会更为积极地实施指导行为(Ensher 和 Murphy，1997)。③师徒属性。如前所述，师傅是否具备组织正式赋予的管理权限亦会影响师徒关系和师徒项目。④关系特征。当师傅对徒弟具有较高的情感信任时，会更为积极地提供技能、心理和职业的指导。与之相对，师傅对徒弟具备的认知信任水平只有在徒弟内控倾向较低时，才会触发师傅较高水平的技能、心理和职业指导行为。

3）组织因素

学徒制项目内嵌于组织环境之中，其有效与否也取决于组织相关因素的影响，包括组织奖励、组织氛围等。①组织奖励。因学徒制项目能够帮助组织实现知识传递、文化传承等目的，对于胜任师傅角色、出色完成师傅任务的员工应该被给予绩效奖励(Kram 和 Isabella，1985)。纵然组织奖励能够促使师傅实施指导行为，但同时也存在师傅为获取组织奖励而只挑选高潜力徒弟的可能性(Allen 等，2004)，从而可能会导致指导行为的偏向性和不平衡。②组织氛围。在鼓励持续提升、终身学习的组织中，作为重要人力资源开发工具的学徒制项目更能发挥功效，帮助徒弟在学徒制项目中获益(Blickle 等，2010)。

四、企业学徒制的后效影响

学徒制项目的实施，不仅能够对徒弟产生直接影响，还会反向作用于师傅，更会对组织的相关要素发挥作用。

1）对徒弟的后效影响

(1) 工具维度的影响。通过参与学徒制项目，徒弟能够以师徒关系为基础组建在组织内的关系网络和信息网络，有利于获得更多、更可靠的工作信息和职业建议，能够更好地增强自身的知识、技能和能力，从而获取更高的报酬、更多的晋升机会和更重要的工作任务(Scandura & Ragins，1993；Chao 等，2006)。

(2) 情感维度的影响。参与学徒制项目有助于徒弟的心理和情感状态的提升与稳固。有研究发现，积极的师徒关系有助于提高徒弟的个人形象感知、帮助徒弟开展情绪调节并维持其心理健康(Eby 等，2008)，实现徒弟情绪智力、工匠精神的增强(连瑞瑞等，2017；叶龙等，2020)。

(3) 绩效维度的影响。伴随着能力提升和动机增强，徒弟能够通过参与学徒制项目实现工作绩效、周边绩效的提升(连瑞瑞等，2017)，更频繁地实施创新行为(王凯等，2018)、主动性行为(曾颢等，2019)，也更加增强适应能力(Avey等，2011)。

2) 对师傅的后效影响

(1) 职业发展。对于参与学徒制项目中的师傅而言，通过帮助徒弟在组织中成长发展有助于增加师傅自身的社会资本和社会支持(Willbur，1987)，尤其是对那些正处于职业停滞期或天花板阶段的员工而言更是如此(Levinson，1978)。

(2) 技能提升。徒弟作为新进员工，往往思维活跃、善于接受新鲜事物并且掌握前沿技能，通过与徒弟的沟通交流，参与学徒制项目的资深员工能够重构自身的知识体系和技能基础，增强自身的创新能力(陈诚，2009)。

(3) 物质报酬与心理福祉。无论是师傅职责的胜任，还是自身能力的提升，都会让学徒制项目中的师傅在指导过程中获得物质激励和心理福祉(韩翼等，2013)。

3) 对组织的后效影响

(1) 内部结果。学徒制项目的本质是一种基于社会学习的"干中学"机制，其有助于组织降低培训成本、提升培训效率。通过实施学徒制项目，组织能够有效降低员工流失率(Hunt和Michael，1983)，有助于加速员工组织社会化过程(Wilson和Elman，1990)，从而实现学习型组织的构建(孙玺等，2013)。

(2) 组织绩效。有效的学徒制项目能够实现其知识传递、文化传承的目的(Gomez-Mejia等，2001)，进而有助于组织实现以知识为基础的竞争优势(van Wijk等，2008)。

4) 不同层面的消极后效影响

纵然学徒制项目能够为徒弟、师傅及组织带来众多的正向影响，但失衡的学徒制项目往往会给组织各层面带来严重的负向影响。Kram和Isabella(1985)发现，每18对师徒配对关系中至少有1对正在经历或曾经历过负向指导经验。作为学徒制项目中处于主导地位的师傅，当具备较高马基雅维利人格特质时，往往会为了自身利益而对徒弟实施行为控制，从而导致师徒关系的失调(Kim 和 Choi，2011)。在中国情境下，受限于"教会徒弟，饿死师傅"的传统思维，师傅为了保持竞争优势或规避潜在的竞争风险而不愿在学徒制项目中实施知识共享行为，产生"知识囤积"现象(孙玺等，2013；王瑞花和吕永波，2019)。另外，部分被视为有助于学徒制项目实施的行为或方法亦会在特定情境下产生消极效应。如 Kwan 等(2011)发现，运用启发式指导方法的师傅有助于提升徒弟分析问题、解决问题的能力；但对权力距离较大的徒弟而言，这种启发式指导方法会导致徒弟心理安全感的降低，诱发徒弟困惑、焦躁或不安等消极状态的产生。

　　通过对以上研究的梳理与整合可知，目前研究已探索了企业新型学徒制项目有效性的前因、后效及作用机制，如图 2.1 所示。

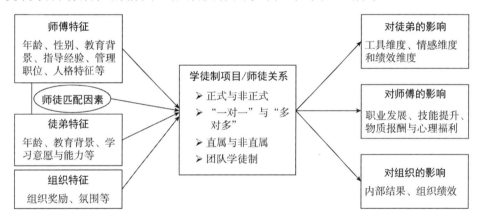

图 2.1　企业新型学徒制项目有效性的前因、后效及作用机制

第二节　人格特质

一、人格特质与特质激活理论

　　人格特质(personality trait)理论是心理学研究的重要主题之一，旨

在揭示个体之间的认知、情绪、需求与行为等差异，并用以预测个体未来的思维、感知与行为倾向(Tett 等，2021)。作为一种跨越时空的稳定倾向，人格特质是个体身心系统的独特动力组织，决定着个体的认知倾向、情感处理和行为惯性(Roberts 和 Yoon，2022)。

人格特质心理学研究由来已久，最初集中于通过双生子研究(twin study)探索"先天基因还是后天培养(nature versus nurture)"这一基本问题，发现在人格特质维度的个体差异约有 50%由先天基因所决定(Polderman 等，2015)。作为一种与动机、情感和认知状态相关的稳定行为倾向，人格特质具有跨越时间、空间和事件的稳定性特征(Montag 和 Elhai，2019)。

随着研究推进，人格特质的稳定特征受到了学界的质疑。个体在跨越不同时空场景时并不一定会维持一致性，而是依据内部最核心的需求随时调整认知、情绪或行为等，即"如果—那么(if-then)"范式(如"如果我在工作，那么我很严谨；如果我在家休息，那么我没那么严谨")。因此，学者进一步将人格特质区分为特质人格(trait personality)和状态人格(state personality)，以便探索不同个体在相同事件下和同一个体在不同时间下的不同行为倾向的内在驱动与发生机理(Baumert 等，2017)。所谓特质人格，是指个体在长时间内趋于一致性的行为倾向，本书拟讨论的主动性人格、谦逊人格特质和中庸人格特质均属此类。状态人格，是指个体面对特定场景时所表现出来的行为倾向，其在具有类似属性的场景下趋于一致性(Baumert 等，2017)。

基于此，大量学者开始尝试探索能够激活人格特质的情景要素，提出与发展了特质激活理论(trait activation theory，TAT)。该理论指出，个性特质意味着个体潜在的行为倾向，表达与否仍取决于周遭场景中的特质相关情景线索(trait-relevant situational cue)(Tett 等，2021)。特定情景线索与特定个性特质相关的关键在于该场景下为特定特质提供的表达机会程度(Tett 等，2021)。换言之，社会聚集场景为社交行为提供了表达机会，该场景所提供的社交线索越多，与该特质的表达越相关。在这一思维的指引下，大量学者以大五人格(big five personality)理论等为基础，尝试识别不同场景特征对人格特质的激活效果。如 Fulmer 和 Walker(2015) 发现，外向性工作者在以件计薪的薪酬模式下绩效更佳，该关系权变于弱结构化的任务。换言之，弱结构化任务强化了计件薪酬模式对外向性人格特质的激活程度，使其更加努力地完成工作。

立足于"人格特质是流动的"特征和特质激活理论，本书试图在制造业企业学徒制项目中探索在不同场景下，不同人格特质(包括主动性人格特质、谦逊人格特质和中庸人格特质)会呈现的行为逻辑与作用机制(Montag 和 Elhai，2019)，探索个性激活的中介机制与边界条件。

二、主动性人格特质

主动性人格(proactive personality)特质理论是西方主流人格特质理论之一，大量研究证实了其对个体、群体和组织均具有正向影响(Spitzmuller 等，2015)。主动性人格特质作为一种稳定人格特质，意味着个体更愿意采取主动行为去控制事情的发展趋势与走向，以构建更积极的工作和组织环境，而非放任事件自由发展(Parker 等，2010)。具有主动性人格特质的个体，通常会采取一系列行为对环境进行改造，包括机会搜寻(scanning for opportunities)、主动性呈现(demonstrating initiative)、主动行动而非被动等待(being active rather than passive)和面对阻力也坚持直至改变达成(persevering to bring about change in the face of obstacles)等(Crant 等，2017)。

有研究发现，由个体发起并主动实施的工作相关行为对其工作绩效和职业成功越发重要(Hall 和 Moss，1998；Thompson，2005)，群体层面的集聚最终会帮助组织实现创新增强与绩效提升(Parker，1998；Parker 等，2010)。伴随着市场竞争环境的愈发动荡与组织内部环境的频繁变动，主动性人格特质对寻求创新发展、突破瓶颈的当代企业而言至关重要(Li 等，2020)。为激发员工的主动性人格特质与行为，很多组织试图通过组织结构扁平化、去中心化、充分授权实践等活动为员工创造有利于主动性行为产生的工作环境与组织结构，实现对瞬息万变的消费者需求的及时响应和快速反馈(Liu 等，2019)。鉴于主动性人格特质与行为对个体和组织效率均具有积极影响，众多学者集中对工作与组织领域开展大量的探索研究(Cai 等，2019)。

（一）概念界定与内涵辨析

1. 概念界定

韦氏词典中关于主动性人格特质的界定强调两种特征：①未来导向，强调"有预见地行事(acting in anticipatory element)"以修正未来可能会出现的问题。②变革导向，强调"通过掌控特定事件的发生实现环境变革，而非静待事情发生"。

主动性人格特质理论对于人性的潜在假设，与诸如期望理论、目标设定理论等传统激励理论所认为的"员工是被动的，仅消极应对外界环境"(Parker 等，2010)等思想存在较大差异。举例而言，目标设定理论(goal-setting theory)是假定员工目标需要由组织或领导设定并被员工接受；期望理论专注于组织所给予的奖励及产出等对员工的影响。

随着研究的深入，越来越多的学者认为，员工在改造和影响工作环境中拥有主动性的角色，有意愿自行设定绩效目标，而且有能力开展自我激励。交互视角学者指出，个体、环境和行为相互影响并彼此交互(Bandura，1986)。换言之，个体可以根据自身意图对周遭环境进行改造。以此为基础，Frese 等(1996)提出了"个体创动(personal initiative)"概念。所谓个体创动，是一系列具有以下特征的行为组合：与组织使命相一致、长期导向、目标/行动导向、无惧困难与挫折、自我发起/主动性等。大量研究发现，个体创动受到工作情景特征的影响，并且这些研究辨识了一系列具有创动属性的组织公民行为，如尽责行为(taking charge)、变革导向公民行为(change-oriented citizenship)等(Frese 和 Fay，2001)。部分专注于工作设计的研究探索了员工在重塑任务、工作和角色中的能动性(Parker 等，1997；Wrzesniewski 和 Dutton，2001)，诸如议题倡导(Dutton 和 Ashford，1993)、组织创新(Scott 和 Bruce，1994)、社会化(Ashford 和 Cummings，1985)及职业发展(Rousseau 等，2006)等研究领域亦证实了个体在这些维度中的主动作用。

随着在相关领域研究的持续推进，越来越多的学者认为在这些零散的研究领域内存在的部分共有属性应该被重视且识别。其中，主动性人格特质(proactive personality)作为一种稳定持久的行为倾向被识别与提炼,它被认为是跨越多个领域不同类型的主动性行为的重要决定性因素。Bateman和 Crant(1993)指出,主动性人格特质是一种相对稳定的行为倾向,会采取主动行为变革组织环境。

这种以性格特质为基础的研究认为,主动性人格特质的个体在不同时空场景和任务情境下均具备主动性的行为倾向,不具备情景权变特征(Parker 等,2010)。实证研究亦证实了这一观点,发现主动性人格特质在多个领域与诸如工作绩效(Thompson,2005)、职业成功(Seibert、Kraimer 和 Liden,2001)和魅力型领导(Crant 和 Bateman,2000)等积极产出呈正相关关系。除主动性人格特质以外,不同类型主动性行为的驱动机制间亦有相似之处(Parker 等,2010;Parker 和 Collins,2010)。尽管所用称谓与理论基础不同,个体层面的主动行为通常是自发式、未来导向的行为,旨在变革与改善所处环境(Parker 等,2006)。以 Parker 等(2006)及 Frese 和 Fay(2001)的理论构建为基础,Grant 和 Ashford(2008)指出主动性并非一组特定的行为组合(如反馈寻求行为等),而是包含预测、规划及发挥影响的一系列行为过程。更为精确地讲,并非只有角色外行为才会体现个体的主动性,所有工作和任务都在一定程度上内嵌着或多或少的主动性。特定行为具备主动性的关键在于个体实施预测、计划并尝试实现对自身或环境的未来影响(Grant 和 Ashford,2008)。Griffin等(2007)也同样指出,诸如帮助行为等团队导向行为,以及忠诚等组织导向行为都具有主动性特质。

基于此,本书将主动性人格特质界定为一种聚焦未来、变革导向的稳定性个体行为倾向,个体主动设定未来行为目标并为之实现付诸努力(Parker 等,2010)。

2. 内涵辨析

个体创动(personal initiative)与主动性人格特质近似,强调对工作的行为导向和通过行为重塑利好场景的倾向。但是,个体创动更倾向于描述一种工作行为,强调一种超越正式工作需求的、个体主动且自发实施的行为惯例(Frese 等,1996)。作为一种人格特质,主动性人格特质指向未来可能的行为倾向,而非已实施或开展的具体行为惯例(Crant 等,2017)。

然而，实证数据指出两者的概念内涵具有较高的一致性。Tims 等(2012)通过实证研究发现个体创动与主动性人格特质具有 0.67 的相关性。Tornau 和 Frese(2013)的元分析也指出，个体创动和主动性人格特质在功能上具有一致性，自我填答的个体创动量表和主动性人格特质量表所测量的亦是同一行为现象。

除个体创动外，诸如建言行为(voice behavior)、创新行为(innovative behavior)、反馈寻求行为(feedback-seeking behavior)、议题推广(issue-selling)等均具备主动性特质(Crant 等，2017)。Parker 和 Collins(2010)将类似行为分类为主动性工作行为(包括建言行为、创新等)、主动性战略行为(包括战略搜寻行为、议题推广等)和主动性个体环境匹配行为(包括反馈寻求行为等)，并证实了主动性人格特质与主动性工作行为的正相关关系，但却并未发现其对后两类行为的预测效应。换言之，主动性行为作为前因变量，能够对诸如建言行为、创新等具有主动性特质的工作行为具有显著的预测效应。值得注意的是，这种预测效应与主动性工作行为并无概念上的重叠，实证研究亦证实了这一观点(主动性人格特质与主动性工作行为之间的相关系数多处于 0.25 至 0.35 之间)。

(二) 测度指标

对于主动性人格特质的测量，最早出现于 Bateman 和 Crant(1993)所开发的包含 17 个题项的测量量表(如表 2.1 的原始量表所示)。该量表将主动性人格特质作为单一维度，分别对 282 名和 130 名在校生进行量表开发和量表检验，证实了该变量具有较高的信度与效度(Bateman 和 Crant，1993)。在 Crant 等(2017)的综合性回顾中对基于该量表的大量研究进行综合计算，其 Cronbach's α 系数均值为 0.88。国内学者张振刚和余传鹏(2016)以 Bateman 和 Crant(1993)的量表为基础，基于"翻译—回译"流程对该量表进行汉化(如表 2.1 的中文译表所示)。

表 2.1　主动性人格特质的 17 题项量表

序号	原始量表	中文译表
1	I am constantly on the lookout for new ways to improve my life	我不断地寻求能够改善生活的新办法

（续表）

序号	原始量表	中文译表
2	I feel driven to make a difference in my community, and maybe the world	我认为自己有责任让社区，甚至世界都有所不同
*3	I tend to let others take the initiative to start new projects	我总是倾向于让别人主动开始新的项目/工作
4	Wherever I have been, I have been a powerful force for constructive change	无论在哪里，我都是推动建设性变革的强大力量
5	I enjoy facing and overcoming obstacles to my ideas	我享受面对和克服想法上的障碍所带来的乐趣
6	Nothing is more exciting than seeing my ideas turn into reality	没有比看到我的想法变成现实更令人兴奋的事了
7	If I see something I don't like, I fix it	看到自己不喜欢的事物，我会去改变它
8	No matter what the odds, if I believe in something I will make it happen	无论成败，只要我相信一件事，就会尽力实现它
9	I love being a champion for my ideas, even against others' opposition	就算别人反对，我也会坚持自己的想法
10	I excel at identifying opportunities	我擅长发现好机会
11	I am always looking for better ways to do things	我一直寻求更好的行事方式
12	If I believe in an idea, no obstacle will prevent me from making it happen	如果我相信某件事，没有事情会阻止我去实现它
13	I love to challenge the status quo	我喜欢挑战现状
14	When I have a problem, I tackle it head-on	遇到问题时，我会直面它
15	I am great at turning problems into opportunities	我擅长将问题转化为机会
16	I can spot a good opportunity long before others can	我能够比他人更早地识别好机遇
17	If I see someone in trouble, I help out in any way I can	如果我看到别人处在困难中，我会尽我所能地提供帮助

注：*为反向题项，应反向计分。

此后，Seibert 等(1999)为研究主动性人格特质与职业成功之间关系，根据因素负载大小对 Bateman 和 Crant(1993)的 17 题项量表进行优化并选取了 10 个题项对主动性人格特质进行测量(具体包括表 2.1 中的第 1、2、5、7、8、9、10、11、12、16 项)。在 Crant 等(2017)的综述文章中，该量表的平均 Cronbach's α 系数为 0.86。此外，还有 6 题项量表(平均 Cronbach's α 系数为 0.79)和 4 题项量表(平均 Cronbach's α 系数为

0.82)用以测量主动性人格特质,这些量表大多是对 Bateman 和 Crant(1993)
原始量表的修正(Crant 等，2017)。

在大量研究中，无论是 17 题项版本的主动性人格特质量表，还是
10 题项版本的主动性人格特质量表，均呈现出显著收敛效度和区分效
度。针对收敛效度而言，主动性人格特质与诸多态度、行为呈正相关关
系(Crant 等，2017)，而主动性行为与创新(Ardts 等，2010)、工作重塑
(Tims 等，2012)、职业成功(Seibert 等，1999)、自我效能感(Brown 等，
2006)及建言行为的质量与数量(Crant 等，2011)等因素均相关。就区分
效度而言，Fuller 和 Marler(2009)的一项元分析研究中发现了主动性人
格特质与性别、年龄之间的相关性较小。然而，其他研究发现了不一致
的结论。相对于资深员工，年轻员工更倾向于认为自己具备主动性人格
特质(Bertolino 等，2011；Jawahar 等，2012)；相对于女性，男性更倾
向于将自己刻画为主动性个体(De Pater 等，2009；Yousaf 等，2013)。

(三) 相关研究

如上所述，基于主动性人格特质的实证研究多集中于探索其对工作
态度、行为与绩效的直接效应。此外，主动性人格特质还被作为调节变
量，探索其与特质激活相关的情境因素的交互效应。在交互效应的基础
上，还有部分学者对主动性人格特质的消极效应进行了探索。

1. 直接效应

1) 工作态度

主动性人格特质理论暗含着"创造友好和谐工作氛围"的潜在假设，
其能够触发员工利组织的工作态度。有研究发现，主动性人格特质对工
作满意度(Li 等，2010；McNall 和 Michel，2011)、生活满意度(Greguras
和 Diefendorff，2010)、工作融入(Bakker 等，2012)、学习动机(Major
等，2006)、组织承诺(Yousaf 等，2013)等具有促进效应。

2) 工作行为/绩效

主动性人格特质对工作相关行为、绩效具有正向积极效应。有研究
发现，主动性人格特质能显著提升工作与任务绩效(Baba 等，2009；Crant,

1995；Kirby 和 Kirby，2006；McNall 和 Michel，2011；Thompson，2005)、组织公民行为(Baba 等，2009；Li 等，2010；Yang 等，2011)、建言行为(Parker 和 Collins，2010)和创造力(Gong 等，2012)等。

3) 社交行为/绩效

主动性人格特质亦具备显著的社交促进效应。有研究发现，主动性人格特质能够预测社交网络构建(network building)(Thompson，2005)、主动社会化(proactive socialization)(Ashford 和 Cummings，1985)、职业主动性(career initiative)(Seibert，Kraimer 和 Liden，2001)、网络强度(networking intensity)(Lambert 等，2006)等变量。

4) 职业相关产出

主动性人格特质对个体职业相关变量的影响效应亦是学者们研究的焦点。大量研究证实了具有较高水平的主动性人格特质具有更高的职业满意度(career satisfaction)(Barnett 和 Bradley，2007)、职业承诺(career commitment)(Messara 和 Dagher，2010)、工作搜寻行为(job search behavior)(Brown 等，2006)、薪酬和职业优势(salaries and occupational prestige)(Converse 等，2012)、晋升潜能(advancement potential)(Hirschfeld 等，2011)和内外部适销性感知(perceived internal and external marketability)(Eby 等，2003)。这些主动的职业行为能够为个体带来主观与客观的职业成功(Seibert、Kraimer 和 Crant，2001；Seibert 等，1999)。

2. 调节效应

虽然主动性人格特质理论大多集中于对直接效应的探索，但也有学者尝试将主动性人格特质作为调节效应，探索它与其他情景变量的交互效应对员工态度、行为和职业成功的影响(Seibert、Kraimer 和 Crant，2001)。

1) 与其他个体差异的交互效应

主动性人格特质对员工相关变量的影响效应受到人口统计学信息的影响。就性别而言，Aryee 等(2005)构建了主动性人格特质与性别的交互效应对工作满意度、组织承诺及工作家庭交互的影响机制，但并未得到实证数据的支持；Gupta 和 Bhawe(2007)通过对 80 名女学生的调查发现，相对于低主动性人格特质，高主动性人格特质的女性更容易被评价为"男性化的(masculine)"而导致其创业意愿降低。

就年龄而言，Bertolino 等(2011)将年龄作为主动性人格特质与培训相关因素(培训动机、感知培训带来的职业发展、培训行为意图等)关系的调节变量，验证了主动性人格特质较高的年轻员工与相关变量的关系更为显著；Ng 和 Feldman(2013)采用时滞研究范式检验了主动性人格特质、年龄和主管破坏行为(supervisor undermining behavior)三者的交互效应对员工创新的影响机制，发现了高主动性人格特质的资深员工倾向于通过呈现更多的创新行为以回应高水平的主管破坏行为，而且该交互效应在主管破坏水平较低时并不存在。

就其他人格特质与技能而言，Sun 和 van Emmerik(2015)验证了政治技能对主动性人格特质与绩效产出的调节效应，发现当政治技能较低时，主动性人格特质与主管评价的任务绩效、帮助行为和学习行为之间的负向关系。

2) 与态度和感知的交互效应

Fuller 等(2010)发现，当工作自主程度较高时，主动性人格特质个体会产生更高水平的工作绩效；反之，则会产生较低的工作绩效。换言之，主动性人格特质并非总是积极的，仍需要在特定场景要素的激活下才能够更为充分地发挥性格优势(Crant 等，2017)。Fuller 等(2006)验证了当具备资源可得性(access to resources)和战略相关信息(strategy-related information)时，只有高主动性个体才会形成建设性发起变革的责任感知，进而实施建言行为并带来后续的绩效提升。Fuller 等(2012)检验了主管与下属的主动性人格特质的交互效应发现，高主动人格特质的主管更看重员工主动性的尽责(taking charge)行为，进而对其角色内绩效(in-role performance ratings)产生更高的评价。

Baba 等(2009)发现，主动性人格特质个体只有在情绪衰竭水平较低时工作绩效才会高，但对组织公民行为的影响并未出现此调节效应。Jawahar 等(2012)构建了主动性人格特质、工作—家庭冲突和家庭—工作冲突的三元交互效应，并通过实证研究发现，当工作家庭冲突和家庭工作冲突较低时，主动性人格特质个体呈现较低水平的情绪衰竭与成就感知，以及较高水平的去人格特质化。与之相对，Harvey 等(2006)通过对 107 名大学生的研究实证数据显示，主动性个体对学业压力和工作压力更加敏感，从而呈现出较低水平的工作满意度和学业成绩。

3) 与工作特征的交互影响

Parker 和 Sprigg(1999)检验了主动性人格特质、工作控制与工作要求对工作压力的三元交互效应发现，高主动性人格特质的员工承接高工作要求和高工作控制的工作任务时所感受到的工作压力程度较低。Erdogan 和 Bauer(2005)通过实证检验了主动性人格特质在预测内外部职业成功关系时个体组织(person-organization，P-O)匹配和个体工作(person-job；P-J)匹配的调节效应发现，P-O 匹配对主动性员工获得主观或内在职业成功更为重要，P-J 匹配对其获得客观或外在职业成功更为重要。

4) 与组织因素的交互影响

Allen 和 O'Brien(2006)构建了主动性人格特质在正式学徒制与组织吸引力之间关系的调节效应。Li 等(2013)证实了变革型领导(transformational leadership)能够激励低主动性人格特质个体的尽责行为，而对高主动性个体的激励效应则相对较弱。Li 等(2011)探索了不同来源的发展型反馈对新入职员工的主动性人格特质与帮助行为之间关系的调节效应。研究发现，来自主管的发展型反馈能促进低主动性人格特质的新入职员工实施更多的帮助行为，而来自同事的发展型反馈对促进高主动性人格特质的新入职员工实施帮助行为具有更显著效果。Li 等(2010)检验了程序公正氛围(procedural justice climate)对主动性人格特质与组织公民行为之间关系的调节效应。研究发现，主动性人格特质的个体在程序公正氛围较低时所实施的组织公民行为也较低；而程序公正氛围水平较高时，主动性人格特质与组织公民行为之间的关系不显著。

3. 中介效应

主动性人格特质与相关结果变量的内在影响机制亦是研究关注的焦点问题之一(Fuller 和 Marler，2009)，主要集中于社会资本、特质匹配、工作角色等维度。

1) 社会资本的中介机制

主动性人格特质对工作绩效的提升效应可通过发展社会网络实现，这一社会网络的构建能够为主动性个体发挥主动性、实施变革行为提供必要的资源和机会(Thompson，2005)。Li 等(2010)验证了主动性人格特质个体能够与主管建立高质量关系，进而推动个体更多地实施组织公民行为并增强个体对工作的满意程度。Liang 和 Gong(2013)证实了主动性人格特质通过影响社会网络行为提升职业维度的指导行为，通过影响建言行为提升心理疏导维度的指导行为。Yang 等也同样(2011)证实了主动性人格特质通过信息交换实现对帮助行为的促进效应，通过信任关系实现对离职倾向的抑制效应。Gong 等(2012)也发现了主动性个体通过与主管和同事建立信任关系以获取信息资源，进而提升员工的创造力。

2) 特质匹配的中介机制

Zhang 等(2012)利用多项式回归分析(polynomial regression analysis)发现，上下级主动性人格特质的匹配能够改善彼此关系，进而促进下属工作满意度、情感承诺和工作绩效的提升。Greguras 和 Diefendorff(2010)构建了一个自洽模型(self-concordance model)，将主动性人格特质与多种行为和态度产出(包括生活满意度、工作绩效和组织公民行为)相关联发现，主动性人格特质个体倾向于设置并选择契合自身价值的目标(自洽目标)，最终可以积极影响后续绩效和福祉。

3) 工作角色的中介机制

Parker 等(2006)以一线制造业工人为研究对象发现，主动性人格特质对主动性工作行为的影响效应是通过角色宽度自我效能感(role breadth self-efficacy)和柔性角色导向(flexible role orientation)实现的。Bakker 等(2012)构建了工作重塑模型验证了主动性员工通过对工作要求和工作资源的变革与重塑实现工作绩效的提升和工作融入的增强。Hirschfeld 等(2011)验证了主动性人格特质与观察到的进步潜力(observed advancement potential)是通过工作自主性和团队导向实现的。

总体而言，当前研究集中于探索主动性人格对工作态度、行为和结业结果的直接效应、间接效应及个体差异、工作特征、组织要素在以上关系中的调节效应明晰了主动性人格特质在何时、以何种机制对认知、情绪及工作绩效产生影响(如图 2.2 所示)。大量研究证实了主动性人格特质在工作场景中的正向效应，但亦有研究发现其消极效应。如 Hirschfeld 等(2011)发现主动性人格特质与他人评价的晋升潜能呈负相关关系。

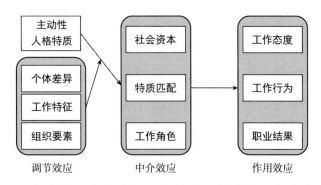

图 2.2　主动性人格特质的直接效应、调节效应与中介效应

三、谦逊人格特质

因领导者的无礼傲慢、过度自信、极度自恋等人格特质特征极易导致忽视他人反馈、缺乏共情心理，造成企业投资失误、决策无效等状况，使得谦逊人格特质(humble personality trait)备受理论界和实践界的关注(Kelemen 等，2022)。谦逊人格特质作为一种性格品质，意味着个体认为"存在一种超越自身的、更伟大的事物"的自我认知(Ou 等，2014)。有研究发现，谦逊个体具有较高的自我调节能力，能够有效规避过激行为且促进亲社会行为的实施(Jankowski 等，2013；Owens 等，2013)。从长远来看，谦逊人格特质能够有效降低诸如狂妄自大(hubris)、自我膨胀(self-aggrandizement)和过度骄傲(pride)等(Peterson 和 Seligman，2004)。相较于过度关注自身及优势，谦逊个体对自身的优势与劣势均有清晰的认知，能够公平公正地评价他人的贡献与价值，并为了实现以上目标而广泛寻求多元的反馈源头(Kelemen 等，2022；Nielsen 等，2010；Tangney，2000)。

谦逊人格特质对组织至关重要的原因在于，它会从效率、关系和可持续角度影响个体工作和个人生活，尤其是对扁平化的组织结构与自上而下沟通模式的当代组织具有更重要的价值(Frostenson，2016)。谦逊人格特质能够诱发个体产生"渺小自我在浩瀚宇宙中"的宏大认知(Morris 等，2005)，也会因清晰的自我认知而促进个体跨越组织边界寻求与多方主体的协作共生，亦可在动荡工作环境下促进个体持续提升与终身学习。此效应使得个体更易接受他人错误、与他人形成相互依赖的同理共情状态，从而使得组织因员工心理自由和授权感知的提升而实现更高水平的组织绩效和创新(Owens 和 Hekman，2012)。换言之，谦逊人格特质能够成为个体、团队和组织获取竞争优势的重要源头(Vera 和 Rodriguez-Lopez，2004)。

(一) 概念界定与内涵辨析

谦逊(humility)源于拉丁语"humilitas"，意为"扎根(grounded)"或"源于地表(from the earth)"。哲学和宗教领域将谦逊人格特质作为个体美德(human virtue)展开研究。美德作为指向终极福祉与整体繁荣的人格特征，指个体遵循特定逻辑与模式开展行动的稳定倾向，有助于整体人类的卓越与繁荣(Peterson 和 Seligman，2004；Yearley，1990)。亚里士多德将谦逊视为一种细微美德(weak virtue)；康德认为谦逊是一种能够使个体清晰认知自我的重要美德。由此，关于"谦逊"的讨论基本上都与"道德"交织，集中于探索"对错"的行为方式。

在组织与管理领域，学者尝试对谦逊进行界定并探索其与组织相关变量的影响效果与作用机制。Ou 等(2014)将谦逊界定为一种相对稳定的个人特质，指出具有谦逊人格特质的个体认为存在一种比自我更为宏大的事物。后续有研究陆续指出，谦逊个体没有强烈的自我增强(self-enhance)或他人支配(dominate others)需求(Peterson 和 Seligman，2004)，能够更为准确地对自我进行评价(Davis 等，2010；Jeung 和 Yoon，2016；Morris 等，2005；Peterson 和 Seligman，2004)，具有更高的承担错误的意愿(Tangney，2000)，更愿意接受新的想法与反馈(Exline 和 Geyer，2004)，更为重视他人对世界和自我的贡献与价值，并具备一种超越感(a sense of transcendence)。

部分学者将谦逊与谦虚(modesty)等同，亦有学者视其为傲慢(arrogance)或自恋(narcissism)的反义词。如 Woodcock(2008)将"谦虚"界定为一种对自身适度评估(a moderate estimation of oneself)的平易特质(the quality of being unassuming)，倾向于隐藏自身的积极特征、贡献和期望。此定义下的谦虚与谦逊有较大差异，根源在于谦逊个体倾向于持一种平衡的观点去精准认知自身的优势与劣势，既不会过度张扬，亦不会过度低估

(Morris 等，2005)。与此同时，不傲慢或不自恋并不意味着谦逊(Tangney，2000；Zhang 等，2017)。美国精神病学协会(American Psychiatric Association)指出，自恋者呈现了一种较高水平的自大行为倾向，极度需要他人的钦佩并缺乏同理心。换言之，自恋者的反向并不一定包含着承认"一种比自我更为宏大的物质存在"的理念(Nielsen 和 Marrone，2018)。

谦逊人格特质的研究多集中于(积极)领导力领域，诸如服务型领导(servant leadership)、真实型领导(authentic leadership)等都暗含着"领导者应具备谦逊人格特质"的假设(Nielsen 和 Marrone，2018)。以服务型领导理论(Sendjaya 和 Sarros，2002)为例，服务型领导将下属视为领导，优先考虑追随者的需求并聚焦于权力较小或需要帮助的追随者(Bass 和 Bass，2009)。与之相对，谦逊型领导并不一定将下属或他人的需求置于自己之前(Nielsen 等，2010；Nielsen 和 Marrone，2018)。谦逊型领导虽然也会为追随者提供支持，但更多地采用一种"平等主义的立场，而不是优越或卑躬屈膝(a stance of egalitarianism rather than superiority or servility)"的方式与组织中的他人开展互动(Morris 等，2005)。

真实型领导以公正且对自身优势、知识和道德有清晰认知为特征(Avolio 和 Gardner，2005)，强调的是一种价值观和自我的真实表达。谦逊型领导虽然也对自身有着清晰的认知，更重要的是强调一种自我超越的观点并相信"存在一种更为宏大的事物"的认知(Ou 等，2014；Rego 等，2017)。换言之，谦逊型领导不仅强调正确的自我意识，还凸显对他人的欣赏和对反馈与成长的开放态度(Ou 等，2014；Rego 等，2017)。

最后，HEXACO 人格特质清单①中的"诚实—谦逊(honesty-humility)"要素与本书所讨论的谦逊人格特质亦有所差异。在 HEXACO 人格特质清单中的"诚实—谦逊"要素包含 4 个构成：真诚(sincerity)、公平(fairness)、贪婪规避(greed avoidance)和谦虚(modesty)。有部分研究采用"诚实—谦逊"要素的后两个构成对谦逊人格特质进行测量。然而，这种测量方式缺乏对谦逊人格特质的全面关注(Davis 等，2011)，其并

---

① HEXACO 人格特质清单是由 Ashton、Lee 等(2004)通过人格词汇学方法构建的人格特质结构，共包括以下 6 个维度：诚实-谦逊(honesty-humility)、情绪性(emotion)、外向性(extraversion)、宜人性(agreeableness)、尽职性(conscientiousness)和经验开放性(open to experience)。

未测度谦逊特质的核心要素：精准自我认知的意愿、可教性和对他人的欣赏(Owens 等，2013)。

总体而言，谦逊人格特质作为一种稳定行为模式，倾向于采用一种更为均衡的视角看待并评价自身的优缺点，能够维持开放思维去接受并学习他人的观点、意见与反馈，并能够公平公正地评估和认可他人的价值与贡献。

(二) 构成要素

Nielsen 和 Marrone(2018)的综述性研究中对谦逊人格特质的构成要素进行了梳理并绘制了构成要素频数图(如图 2.3 所示)。

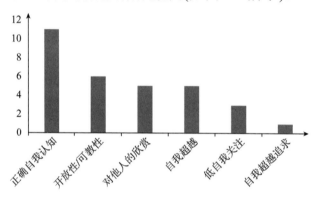

图 2.3　谦逊人格特质的构成要素频数

正确自我认知(accurate self-awareness)是现有的谦逊人格特质研究中出现频率最高的构成要素，它是指个体有意愿更为正确地认知自我(Davis 等，2011)，包括对自我局限性的认知和评价(Tangney，2000)。谦逊个体更为真实地评价自身能力(Nielsen 等，2010)，能够承认自身错误与局限(Owens 和 Hekman，2012)。

其次是开放性/可教性(openness to feedback/teachability)和对他人的欣赏(an appreciation of others and their strengths and contributions)。谦逊个体具备一种开放思维，愿意承认、接受他人的观点和反馈，并渴望从他人身上学习并让自身得以成长(Owens 等，2013)。对于谦逊个体而言，认可并欣赏他人的价值与贡献而不经历自我威胁也是其重要特征(Owens

和 Hekman，2012；Tangney，2000)。

其中最具争议的部分是"自我超越(transcendence)"，也被称为"宏大视角(larger perspective)"。当前研究尚未就何为自我超越或为何其构成谦逊人格特质达成共识(Nielsen 和 Marrone，2018)。它在组织和心理学领域被界定为与更大视角的关联与体验。比如，Morris 等(2005)认为谦逊个体能够意识到自身在浩瀚宇宙中的渺小，Ou 等(2014)指出谦逊个体相信世界存在比自身更为宏大的事物、总有事物不受自我控制。为将组织与管理中的谦逊人格特质与哲学视角下的谦逊区分开，Owens 等(2013)指出在社会和组织环境中谦逊人格特质更多地关注于人际关系与社会网络，诸如自我超越等内在认知与谦逊特征的外在表现并无关联。

总体而言，谦逊人格特质涉及正确自我认知(viewing oneself accurately)、对他人优势与贡献的清晰评价(providing an appreciation of others' strengths and contributions)和模型可教性(modeling teachability)。以上谦逊人格特质的构成要素在组织和管理领域的研究中获得了共识，一方面呈现了谦逊人格特质所蕴含的对自我的正确认知和对他人价值的欣赏与认可，另一方面也保证了谦逊人格特质对他人或更大事物认可与欣赏的拓展(Nielsen 和 Marrone，2018)。

(三) 测量指标

谦逊人格特质的测量包含采用他人评价、自我评价和内隐关联测试等方法。

1) 他人评价

采用他人评价方法的谦逊人格特质测量在预测效度上要优于采用自我评价的测量方法，尤其是当两名及以上熟人参与评价时更是如此(Kolar 等，1996)。在谦逊人格特质研究中，基于他人评价的测量方法多用于评估谦逊人格特质对社交维度结果的影响，如社会纽带形成或宽恕给予等(Davis 等，2011，2013)。

Davis 等(2010，2011)在理论基础上构建了"关系谦逊量表(rational humility scale，RHS)"：整体谦逊(如表 2.2 中题项 1-1 至 1-5 所示)、优越性(superiority)(如表 2.2 中题项 1-6 至 1-12 所示)和自我正确认知(accurate view of self)(如表 2.2 中题项 1-13 至 1-16 所示)。各维度 Cronbach's α

系数分别为 0.92、0.87 和 0.82，整体量表 Cronbach's α 系数为 0.89。

Owens 等(2013)遵循 Hinkin(1998)构建的量表开发流程，开发了最为常见、使用最为广泛的谦逊人格特质测量量表。该量表共有 9 个题项，分别衡量了谦逊人格特质的 3 个核心维度：准确看待自我的意愿(表 2.2 中题项 2-1 至 2-3 所示)、对他人优势和贡献的欣赏(如表 2.2 中题项 2-4 至 2-6 所示)和可教性(如表 2.2 中题项 2-7 至 2-9 所示)。该量表的整体 Cronbach 系数为 0.94。

以 Owens 等(2013)量表为基础，Ou 等(2014)又新增 10 个题项以测量谦逊人格特质的另外 3 个维度：低自我关注(low self-focus)(如表 2.2 中题项 3-1 至 3-3 所示)、自我超越追求(self-transcendent pursuit)(如表 2.2 中题项 3-4 至 3-6 所示)和超越自我概念(transcendent self-concept)(如表 2.2 中题项 3-7 至 3-10 所示)。各维度的 Cronbach's α 系数分别为 0.81、0.75 和 0.77，整体量表 Cronbach's α 系数为 0.88。

以上研究所构建的量表如表 2.2 所示。

表 2.2　他人评价的谦逊人格特质量表

量表来源	序号	原始量表	中文译表
Davis 等 (2011)	1-1	He/she has a humble character	他/她具有谦逊特征
	1-2	He or she is truly a humble person	他/她真的是谦逊的人
	1-3	Most people would consider him/her a humble person	大多数人都认为他/她是谦逊的人
	1-4	His or her close friends would consider him/her humble	他/她最亲密的朋友认为他/她是谦逊的人
	1-5	Even strangers would consider him/her humble	即使是陌生人都认为他/她很谦逊
	*1-6	He/she thinks of him/herself too highly	他/她对自己的评价过高
	*1-7	He/she has a big ego	他/她很自大
	*1-8	He/she thinks of him/herself as overly important	他/她认为自己十分重要
	*1-9	Certain tasks are beneath him/her	他/她认为自己凌驾于特定任务之上
	*1-10	I feel inferior when I am with him/her	跟他/她相处时，我感觉到自卑
	*1-11	He/she strikes me as self-righteous	他/她给我的印象非常自以为是

（续表）

量表来源	序号	原始量表	中文译表
Davis 等 (2011)	*1-12	He/she does not like doing menial tasks for others	他/她不喜欢为他/她人做琐碎工作
	1-13	He/she knows him/herself well	他/她非常了解自己
	1-14	He/she knows his/her strengths	他/她知道自己的优势
	1-15	He/she knows his/her weaknesses	他/她知道自己的劣势
	1-16	He/she is self-aware	他/她有自我意识
Owens 等 (2013)	2-1	This person actively seeks feedback, even if it is critical	即便是批评，他/她也积极寻求
	2-2	This person admits it when they don't know how to do something	他/她承认自己并不清楚下一步的行动方案
	2-3	This person acknowledges when others have more knowledge and skills than him-or herself	他/她可以接受别人比自己掌握更多知识和技能
	2-4	This person takes notice of others' strengths	他/她注意到别人的优势
	2-5	This person often compliments others on their strengths	他/她经常赞扬别人的优点
	2-6	This person shows appreciation for the unique contributions of others	他/她认可别人独特的贡献
	2-7	This person is willing to learn from others	他/她愿意向别人学习
	2-8	This person is open to the ideas of others	他/她对别人的观点保持开放
	2-9	This person is open to the advice of others	他/她对别人的建议保持开放
Ou 等 (2014)	3-1	This person does not like to draw attention to himself/herself	他/她不喜欢吸引他/她人的注意
	3-2	This person keeps a low profile	他/她刻意保持低调
	3-3	This person is not interested in obtaining fame for himself/ herself	他/她对获得知名度不感兴趣
	3-4	This person has a sense of personal mission in life	他/她在生活中有使命感
	3-5	This person devotes his/her time to the betterment of the society	他/她致力于改善整个社会
	3-6	His/her work makes the world a better place	他的/她的工作让世界变得更好

（续表）

量表来源	序号	原始量表	中文译表
Ou 等 (2014)	3-7	This person believes that all people are a small part of the universe	他/她相信所有人都是世界的细微构成
	3-8	This person believes that no one in the world is perfect, and he/she is no better or worse than others	他/她相信世上没有人是完美的，也没有人比他/她人更好或更坏
	3-9	This person believes that something in the world is greater than he/she	他/她相信世上有着比自己更宏大的事物存在
	3-10	This person believes that not everything is under his/her control	他/她知道自己并不能控制所有事物

注：*为反向计分题项。

2) 自我评价

通过自我评价方法对谦逊人格特质进行衡量能够更精确地测度个体内在体验，但会因受到自我提升(self-enhancement)效应(Asendorpf 和 Ostendorf，1998)的影响导致测量结果的误差。就谦逊而言，谦逊程度较低的人可能因自我提升而填写较高程度的谦逊水平，而谦逊程度较高的人可能因自我提升而填写更低程度的谦逊水平，在两者的交互影响下会使测量结果的偏差更为显著(Davis 等，2010)。因此，大量学者指出仅依靠自我评价难以精确地衡量谦逊人格特质(Morris 等，2005)。纵然如此，在探究谦逊人格特质的情绪健康、亲社会倾向等研究中仍广泛采用自我评价方法对谦逊人格特质进行测量。

使用最为广泛的谦逊自评量表来源于 Bollinger(2010)在 Hill 等(2003)的研究基础上扩展开发了由 36 个题项、5 个维度组成的谦逊人格特质量表，包括世界观(9 个题项，Cronbach's α 系数为 0.80)、局限认知(11 个题项，Cronbach's α 系数为 0.74)、低自我关注(9 个题项，Cronbach's α 系数为 0.67)、个体局限性(3 个题项，Cronbach's α 系数为 0.68)和准确自我评价(4 个题项，Cronbach's α 系数为 0.57)。Jankowski 等(2013)因 Bollinger (2010)所开发的 36 题项量表的信效度并未通过数据检验而运用验证性因素分析构建了精简版的 18 题项量表，也得到了广泛运用。

3) 内隐关联测试

内隐关联测试(implicit association test，IAT)是计算个体将两个目标概念自动关联程度的测量方法。Greenwald 等(2009)的元分析结果显示，IAT 测试在测度社会敏感话题时相较于自评报告具有更高的效度，故而建议在未来研究中联合使用自评报告和 IAT 测试。Rowatt 等(2006)基于 IAT 方法开发了"谦逊—傲慢"测量量表，通过分析大学生的时滞数据发现该谦逊 IAT 量表具有较高的信度与效度。在后续研究中亦证实了基于 IAT 方法的谦逊量表与自我评价的谦逊量表在探索亲社会相关因素方面具有同等效果(Owens 等，2013；Rowatt 等，2006)。

总体而言，采用他人评价方法的谦逊人格特质测量是目前谦逊研究中的主体，原因在于此方法能够有效规避"自我提升效应"的影响。同时，越来越多的学者在同一研究中运用多种测度方法对谦逊人格特质开展测量。如 Ou 等(2014)在对 CEO 的谦逊人格特质进行测量时，不但采用了他人评价方式，而且还创新性地采用了质性研究范式通过询问 CEO 一系列与谦逊人格特质无直接关系的问题测量其谦逊人格特质。

(四) 相关研究

1. 谦逊人格特质的前因变量研究

虽然目前学者们主要集中于对谦逊人格特质的后效研究，但鉴于人格特质的流动特征、谦逊人格特质的状态属性及其可随时间推移而习得，谦逊人格特质的前因变量也获得了部分学者的关注(Rego 等，2017；Wright 等，2017)，包括宗教因素、依恋模式、宽恕与道歉等内容。①宗教因素：个体宗教承诺和精神支持水平越高，其谦逊程度越高(Krause，2010，2012，2014；Krause 和 Hayward，2014)。Rowatt 等(2006)也发现对宗教信仰的寻求会增强其谦逊人格特质的程度。②依恋模式：以 Peterson 和 Seligman(2004)理论模型为基础，Dwiwardani 等(2014)发现，安全型依恋会正向预测谦逊人格特质，回避型依恋会负向预测谦逊人格特质，而焦虑型依恋对谦逊人格特质的影响不显著。③宽恕与道歉：Jankowski 等(2013)证实，获得他人的宽恕能够诱发个体谦逊人格特质水平的增强。Basford 等(2014)发现，针对自身过错表达遗憾的行为能够显著增强他人感知到的谦逊水平，尤其是真诚的道歉行为更为明显。

2. 谦逊人格特质的后效结果研究

关于谦逊人格特质的后效影响，涵盖了组织的多个层次(自我、追随者、团队和组织)，集中于探索谦逊人格特质对个体亲社会产出与社交结果、情绪幸福感、学习与绩效结果的影响。通过发挥以上个体促进效应，进而实现谦逊人格特质对群体和组织目标的提升与增强。具体而言，谦逊人格特质通过促进同事和追随者的社会交换意愿和工作动机而实现组织绩效的提升；通过降低工作倦怠、提升积极情绪、工作满意度等提高员工的持续贡献；通过增强学习意愿、提高知识能力等使得个体对团队、组织产生更大贡献。

1) 自我影响

谦逊人格特质对谦逊者自身的影响主要集中于亲社会产出与社交结果(如帮助行为、社会关系、宽恕等)、情绪幸福感(如抑郁症、主观幸福感、积极情绪等)和学习与绩效结果(如学业成绩、情景绩效、领导有效性感知等)。

(1) 亲社会产出与社交结果。谦逊个体因正确自我认知、认可他人价值等特征，更容易受到社会认可和赞扬，从而更有可能获得他人帮助，构建更为紧密的社会关系并获取更高水平的群体地位。

① 帮助与慷慨。在控制了人格特质和印象管理后，谦逊个体呈现出更高水平的帮助行为(LaBouff 等，2012)。在采用不同测度方法的研究中，谦逊个体均呈现出更高地对他人帮助的倾向，尤其是在"利他(altruistic)"状态下更为显著(Nielsen 和 Marrone，2018)。Exline 和 Hill(2012)证实谦逊者会捐赠更大数额的慈善捐款，更愿意向未来实验参与者给予更多资金，更愿意向陌生人甚至敌人展现善意。

② 社会关系纽带和群体地位。谦逊个体在人际交往中更容易建立高质量的社会关系(Peters 等，2011)。Davis 等(2013)发现，谦逊人格特质通过增强个人社会纽带而正向提高其在群体中的地位和接受度。Owens 等(2013)也发现在工作团队中存在谦逊成员能够有效改善团队成员之间的交换关系，从而为理解积极社会资本提供基于谦逊视角的解读。

③ 宽恕。当前组织与管理领域探索谦逊人格特质与宽恕关联的研究尚不多见。Powers 等(2007)发现，谦逊个体更容易宽恕犯罪者，当其

精神境界超越一定程度时更是如此。原因在于，谦逊个体更倾向于回忆或设想自身犯下类似错误(Exline 等，2008)。Van Tongeren 等(2016)发现了谦逊个体能够有效减缓对非同一宗教成员的攻击意图和攻击行为。同时，Davis 等(2011)证实了被他人感知到谦逊人格特质时，个体更容易获得他人的宽恕。在组织和管理研究中，谦逊作为领导特质已经被广泛研究，而且被证实了谦逊型领导更容易宽恕下属，有助于消解消极情绪和负面行为，从而对组织创新、绩效等产生影响(Kelemen 等，2022)。Jankowski 等(2013)发现谦逊人格特质会中介宽恕与社会正义承诺之间的作用机制，并且性别会调节这一中介机制。

(2) 情绪幸福感。谦逊个体对自我的清晰认知和对他人帮助的开放性会使得其更主动地自我调整，具有较强的信心、韧性和维持积极自我的资源(Exline 和 Hill，2012)。

① 抑郁症及相关。Krause(2014)发现谦逊人格特质会降低抑郁症程度；Krause 和 Hayward(2012)证实了谦逊人格特质会缓解终生创伤(lifetime trauma)引发的抑郁情绪。Jankowski 等(2013)发现谦逊人格特质对抑郁症状具有缓解作用。

② 主观幸福感与自我汇报健康。Zawadzka 和 Zalewska(2013)发现，谦逊人格特质与主观幸福感呈正相关关系。Krause 等(2016)利用二手数据证实了谦逊人格特质能缓解压力型生活事件对健康的不利影响。具体而言，谦逊个体汇报了更高水平的幸福感和生活满意度、更低水平的抑郁情绪和焦虑症状。

③ 积极情绪。Exline(2012)识别了谦逊人格特质是接受善意、积极回应的有效预测要素。当对接受善意开展反思时，谦逊人格特质与更多的积极情绪(如爱与感恩等)和更少的消极情绪(不信任、羞耻等)相关联。

(3) 学习与绩效结果。谦逊人格特质有助于个体学习和提升绩效结果，原因在于其具备准确自我认知、反馈开放性和对他人贡献的认可等特征。

① 学业表现。Rowatt 等(2006)发现了谦逊人格特质与学业成绩呈积极的正相关关系。Owens 等(2013)发现，相对于一般心理能力(general mental ability)、责任心(conscientiousness)和自我效能感(self-efficacy)，谦逊人格特质能够更好地预测学业成绩和对团队项目的贡献(即情景绩

效，contextual performance)。此外，谦逊人格特质还具备对一般心理能力的补偿效应。

② 领导有效性感知。Rego 等(2018)发现，领导的谦逊人格特质有助于团队绩效的提升，团队心理资本和任务分配有效性在这一影响中具有中介效应(Rego 等，2019)。Owens 和 Hekman(2012)采用质性研究证实了以上结论，原因在于，追随者对具有谦逊人格特质的领导者会具有更高评价，因为这些领导者更愿意接受其他想法。Basford 等(2014)发现，当领导者实施宽恕行为时，会被下属评价为谦逊，进而促进下属对领导者的变革型行为的认知。有趣的是，Owens 等(2015)发现了谦逊人格特质与自恋人格特质的交互效应。在该研究中，那些被追随者评价为谦逊人格特质程度较高的自恋型领导具有更高的效率，追随者会呈现更高水平的敬业程度和绩效结果。

2) 追随者影响

当前谦逊人格特质集中于对领导力的研究，故而大多是探索其对追随者的影响效应及作用机制。有研究发现，具备谦逊人格特质的领导者，其下属具有更高水平的敬业程度和更低的离职倾向，以及更强的心理安全感。此类研究多采用截面研究设计，试图通过纵向时序研究设计探索领导所具备的谦逊人格特质对追随者相关要素的中介和调节机制。

Owens 等(2013)通过对医护人员的调查研究发现，谦逊型领导对追随者敬业度提升的效应是通过促进其团队学习目标导向(team learning orientation)实现的；与此同时，谦逊型领导通过正向提升追随者的工作满意度来降低员工自愿离职倾向。以上研究结论在控制了相关人口统计学变量后依旧显著，证实了谦逊型领导对团队学习与发展的积极影响。

组织高层管理团队的谦逊人格特质对中层管理者亦具有类似影响。Ou 等(2018)通过对 313 名企业高层管理者的调查研究发现，当企业高层管理者具备谦逊人格特质时，该企业的中层管理者具有更高水平的工作满意度，进而具有更低水平的离职倾向；这一积极效应只有在高层管理团队断裂带较低时才存在。当高管团队断裂带程度较高时，团队沟通和协调机制因压力过大而不健全，进而影响了高层管理者的谦逊人格特质对中层管理者工作满意度和离职倾向的积极效应。原因在于，高层管理团队断裂带会营造一个苛刻且令人沮丧的企业氛围，同时会转移中层管理者对高层管理者谦逊人格特质的关注和认知，进而将团队失败事件归因于高层管理者的软弱无能并且渴望更具指导性、果断性的领导风格。

谦逊型领导还可以通过向追随者展现自身的成长过程而促进追随者的成长和发展，即谦逊者为追随者提供了成长的角色榜样。Owens和 Hekman(2012)采用质性研究范式发现，谦逊型领导呈现的谦逊行为能够让追随者对不可预测事件持开放态度、敢于接受新事物、勇于通过试错尝试新的工作方法，最终导致追随者在自我发展的过程中感受到被肯定和认可。以上效应受制于情境变量的影响：高压环境和森严组织结构会减缓、重学习和协作的组织文化会强化、领导者的能力和诚意亦会强化以上关系。因此，领导者的谦逊人格特质在开放、协作和低压力的和谐环境中最为有效。

3) 团队影响

谦逊型领导对团队的影响主要是通过团队整合(team integration)、共享领导(shared leadership)和集体谦逊(collective humility)实现的。团队整合反映了团队成员间的动态性，包括团队协作、信息共享和共同决策等，有助于提升员工敬业度和组织整体绩效。Ou 等(2014)研究了 63 位 CEO 和 328 位高层管理团队(top manager team，TMT)成员后发现，CEO 谦逊人格特质与其授权领导行为正向相关，其被 TMT 整合所中介。Ou 等(2014)采用质性研究方法进一步发现，相对于谦逊人格特质较低的 CEO，谦逊人格特质较高的 CEO 能够更多地发现 TMT 的优势，从而通过授权实现 TMT 有效集体决策。

Chiu 等(2016)对 62 个专业工作团队开展调研发现，谦逊型领导对团队绩效的提升是通过增强团队共享型领导实现的。具体而言，谦逊型领导凭借着模范可教性(model teachability)和思维开放性(open-mindedness)，能够让团队成员形成彼此倾听和互为领导的共享领导氛围。同时，谦逊型领导公开承认自身局限性并强调团队成员的价值贡献和领导能力，进一步强化了团队成员的共享型领导倾向。值得注意的是，当团队主动性人格特质和能力较强时，这种通过共享型领导实现绩效提升的中介效应更为显著。因此，这也再次证实了谦逊型领导对团队的正向影响需要特定的外部支持环境才能够实现。

领导者的谦逊人格特质还可通过社会传染机制(social contagion process)提升团队成员集体促进性焦点(collective promotion focus)。Owens 和 Hekman(2016)利用实验室研究(84 个团队)和田野调查(77 个团队)发现,领导者的谦逊人格特质能够培养团队成员的集体促进性焦点。所谓团队成员的集体促进性焦点,是指团队成员普遍存在对成就、更高潜能发挥、全面利用机会等倾向。故而,团队领导者能够通过构建团队成员的集体促进性焦点来实现团队绩效的提升。

Rego 等(2017,2018,2019)的一系列研究识别了领导者的谦逊人格特质对团队绩效提升的中介机制。Rego 等(2019)通过 3 项研究发现,谦逊型领导通过影响团队成员的心理资本(psychological capital)和任务分配效率(task allocation effectiveness)而实现了对团队绩效的提升。Rego 等(2017)发现,谦逊型领导对心理资本的促进效应是通过提升团队成员集体谦逊人格特质实现的,并且当领导者谦逊人格特质被团队成员感知的水平越高时该效应越显著。

4) 组织影响

组织中的谦逊人格特质对组织绩效的影响主要集中于对高层管理者的谦逊人格特质维度。Ou 等(2018)发现 CEO 的谦逊人格特质会正向提升高层管理团队的团队整合程度、负向降低高层管理团队的垂直薪酬差异,两者皆对公司整体绩效呈现正向影响。Zhang 等(2017)等证实了兼具谦逊人格特质与自恋人格特质的 CEO 能够显著提升所在企业的创新氛围及创新绩效,这一效果完全被 CEO 所呈现的社会化魅力(socialized charisma)所中介。值得注意的是,谦逊人格特质或自恋特质如果单独存在并不能发挥此积极影响,这进一步证实了不同人格特质的互补效应。

总体来看,当前谦逊人格特质研究普遍探索了该人格特质的后效影响(如图 2.4 所示),证实了其对个体自身、追随者、团队及组织的正向影响,并且这些积极效应在控制了大五人格特质、自尊、印象管理及人口统计学因素等后依然显著。同时,当前研究亦开始尝试探索了谦逊人格特质发挥积极效应的潜在边界条件,如和谐环境(包括强调学习、协作的组织氛围、积极主动的团队氛围等)和领导特质(包括能力、真诚及自恋等)。

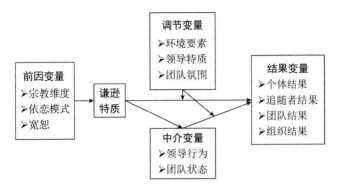

图 2.4　谦逊人格特质的前因变量、后效结果及调节效应

四、中庸人格特质

作为一种根植于中国文化的个体认知特征，中庸人格特质或中庸思维(zhong-yong、middle way 或 doctrine of the mean)能代表中国人的信息评估和处理模式、任务处理方式、决策制定机制等稳定性倾向(Ning 等，2021)。该特质有助于中国员工统一内部心理与外显行为，实现个体目标与人际、环境目标和谐一致(杨中芳，2009，2010)。

作为本土概念，中庸人格特质研究源于社会心理学对"中庸"的概念化界定(杨中芳，2009，2010)，将其界定为一种包含儒家传统价值观的理性和美德，近似于亚里士多德提出的"中道(doctrine of the mean)"(魏江茹，2019)。在管理和组织领域中，中庸人格特质强调了一种人际互动倾向，强调了该特质与个体要素、组织情景的交互效应(杜旌和姚菊花，2015)。大量研究将中庸人格特质作为前因变量、调节变量证实了其对组织、团队和个体的正向影响(蔡霞和耿修林，2016；蒋文凯等，2016；Ma 等，2018；Pan 和 Sun，2018)。

(一) 概念界定

"中庸"一词源于《论语》，并在《礼记》中得到了更详细诠释，"中庸"被视为一种传统的儒家哲学理念(周晖等，2017；Yuan 和 Chia，2011)。"中庸之为德也，其至矣乎，民鲜久矣"，可见儒家将"中庸"视为崇高道德。"喜怒哀乐之未发谓之中，发而皆中节谓之和"，意味着中庸君子要以"中"求"和",强调执中适宜(appropriateness)以实现与周遭的和谐(Li 等,2019；Zhou 等,2020)。实现和谐,需要"权",即权衡周遭环境以调整自身言行举止,即"君子之中庸也,君子而时中"。这一过程呈现一种固定原则和惯例范式,即为"庸"或"道"(Li 等,2019),即"中也者,天下之大本也；和也者,天下之达道也"。

道家中庸建立在阴阳平衡理论(yin-yang balancing theory)之上,有别于西方"两者任一(either/or)"的思维倾向,更强调"兼而有之(both/and)"的行为逻辑(Ji 和 Chan,2017)。"兼而有之"意味着个体兼顾"自我"与"自然"并最终达成人与自然的和谐发展,即"天人合一(unity of man and nature)"(Zhou 等,2020)。总体来看,探究中庸的哲学内涵,"中"作为恒久真理,要求个体在社会互动中始终保持公正、执中以达成平衡与和谐(和)。在这一过程中,个体会综合考虑多方因素,从全局出发来求"中"达"和",即所谓的"权"。

除哲学领域外,社会心理学的后设认知视角将中庸人格特质视为一种实践思维体系,包含着世界观、价值观等中庸理性及终极目标(中)、行动方案(用)、实践技巧(术)等实践指南(杨中芳和赵志裕,1997),能引导个体辩证性认知环境中对立元素和矛盾力量、寻求整合方式实现化解矛盾冲突并实现互利共生并济和谐均衡之状态(赵志裕,2000)。在前设认知视角下,中庸人格特质被视为一种思维和行为的机动历程,指个体针对失衡问题的反思斟酌后形成执中求和的行动方案并付诸行为以实现均衡和谐的循环行动过程(李美枝,2010)。与学术领域相对应,部分世俗观点将中庸视为平庸妥协、主动性匮乏,但这与中庸的传统概念截然相反。孔子在《中庸》中将其视为君子的美德,倡导的是智慧、坚韧的伦理与实践(杨中芳,2009)。在中国文化背景下,中庸与其他传统概念如"关系(guanxi)""面子(mien-tzu)"息息相关。在人际互动过程中,中庸个体会适中地处理矛盾与冲突以达成和谐"关系"并给予彼此"面子"(蒋文凯等,2016)。在管理与组织场景中,上下级、同事等人际关系均存在类似现象。中庸人格特质所渴望的"和",不仅包括在工作场所的自我和谐、自我与他人的和谐、自我与组织的和谐(Yuan,2013),甚至更大的企业与其他企业、与整个社会的和谐(Sheng 等,2019)。

鉴于此,本书将中庸人格特质界定为一种基于元认知系统(metacognitive

thinking system)的实践导向行为范式(杨中芳，2009，2010)，其以综合考量、因地制宜、执中求和为特征回应工作中的人、事、物的行为准则和价值取向(杜旌等，2018；杜旌和姚菊花，2015)。其中，"执中"强调的是在应对环境潜在冲突时选择适中不偏激(既不过多也不过少)的行为方式；"一致"是指个体所选择的行动方案和行为模式是在权衡周遭环境后的决策，旨在实现行动实施后与外部环境(个体、群体或组织)的一致与和谐。

(二) 测度指标

1. 中庸人格特质的维度

关于中庸人格特质的维度研究，最初可追溯至杨中芳和赵志裕(1997)。该研究构建了中庸人格特质的价值观、感知方式和行动策略 3 个层次，以及静观其变、以和为贵、两极思维、大局为重、合情合理、以退为进、注重后果、不走极端等 8 个维度。然而，该研究因过于宏大全面而缺乏开展实证研究的落脚点。以杨中芳和赵志裕(1997)研究为基础，赵志裕(2000)聚焦行动维度将中庸人格特质界定为以中和为指向的行动策略，并划分为"以中和作为行动目标、厘清事物间复杂互动关系、顾全大局以执中辞让" 3 个维度。杨中芳(2010)进一步修正完善中庸实践思维体系(如图 2.5 所示)，将其分为集体文化和个人心理两个层面。其中，集体文化层面包含世界观和天地人合一等要素；在个体心理层面包含了生活哲学(如看人看事、生活目标和处事原则等)、个别事件处理(择前审思、策略抉择和执行方式)和事后反思(事件反思和自我提升)等；这一系列实践思维模式最终将导致心理健康(无怨无悔)的提升。

此外，其他学者根据研究场景亦对中庸人格特质的结构要素开展了研究。如吴家辉和林以正(2005)在探索团队观念分歧场景下的意见表达中的中庸人格特质，将其划分为多方思考、整合思考和和谐思考 3 个维度，意指意见表达时要多维度思考问题、整合多元意见并以和谐的方式处理矛盾与冲突。在人际冲突场景中，王飞雪和李华香(2005)认为中庸人格特质包含了圆滑性、克己性和自我性等维度。

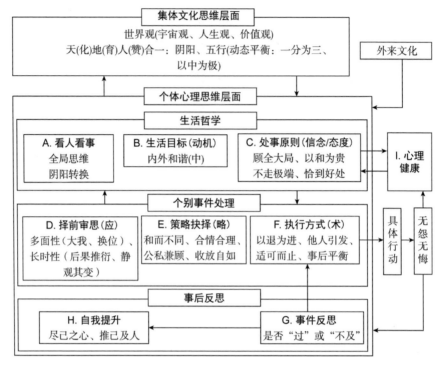

图 2.5　中庸实践思维体系

资料来源：杨中芳. 中庸实践思维体系探研的初步进展[J]. 本土心理学研究，2010(34)，3-96.

以上研究多基于典籍对中庸人格特质的构成要素进行的探索，属于"典籍中庸"范畴，缺乏实际生活和实践行为的检验。尤其是几千年来中国文化、社会变迁与发展，当代中国人所理解和践行的中庸理念已与典籍中庸存在差异，难以利用典籍中庸完整地刻画当代中国人的中庸本质与特征。鉴于此，在组织与管理研究中，杜旌和姚菊花(2015)采用实证研究范式，利用 4 批 949 份调查问卷识别了中庸人格特质的构成要素包含执中一致、慎独自修、消极成就和消极规避 4 个维度。执中一致是中庸人格特质的核心所在，强调不偏不倚、恰到好处地"中"。执中要求根据不同场景调整行动方案以实现"和"与"一致"(即达成局部动态平衡)。但执中一致并不意味着从众，并非被动迫于群体压力而开展一致性行为，而是主动依据外部环境、未来趋势开展调节行为以求和谐的过程。相对于执中一致是对外行事哲学，慎独自修则强调向内的自我修养。慎独自修源于孔子所提"庸德之行、庸言之谨",是指重视内心修养和品德提升,通过谨言慎行、情绪掌控等审时度势地调整自身认知、情绪与行为以做到"执中一致"的对外标准。消极成就和消极规避则体现了当代中庸理念的消极维度,呈现当代中国人对中庸特质的消极认知,是指个体在工作的过程中缺乏积极性、不愿追求并实现更高工作要求与成就、安于现状、不思求变等心理状态。

2. 中庸人格特质的测量

杨中芳和赵志裕(1997)编制的中庸实践思维量表包含 8 个构念、16 个题项。与传统的李克特量表不一致,该量表让填答者在每一道题中选择一句符合自己想法的语句后评价自己对该语句的同意程度(如表 2.3 题项 1-1 至 1-16 所示)。黄金兰等(2012)对杨中芳和赵志裕(1997)量表进行了修正,将其精简为 8 题项量表(如表 2.3 中的题项 1-1、1-4、1-5、1-8、1-9、1-10、1-13、1-15 所示)。在意见表达场景下,吴家辉和林以正(2005)将中庸人格特质划分为多方思考(如题项 2-1 至 2-5 所示)、整合性(如题项 2-6 至 2-10 所示)及和谐性(如题项 2-11 至 2-15 所示)3 个维度、15 个题项(如表 2.3 所示)。

在组织与管理领域中,杜旌和姚菊花(2015)遵循规范研究方法对企业员工对中庸人格特质的认知进行调查,将其分为执中一致(如表 2.3 中题项 3-1 至 3-8 所示)、慎独自修(如题项 3-9 至 3-11 所示)、消极成就(如题项 3-12 至 3-15 所示)和消极规避(如题项 3-16 至 3-18 所示)4 个维度,并构建了 18 个题项对其进行衡量。辛杰和屠云峰(2020)将中庸人格特质拓展至领导力研究中,将中庸型领导划分为合度用中(如表 2.3 中题项 4-1 至 4-6 所示)、整体和融(如题项 4-7 至 4-12 所示)、志诚化人(如题项 4-13 至 4-17 所示)、权变通达(如题项 4-18 至 4-21 所示)和包容接纳(如题项 4-22 至 4-25 所示)5 个维度、25 个测量题项。

表 2.3 中庸人格特质的测量量表

序号	题项	来源
1-1	A：与人相处,不能吃亏,否则别人会得寸进尺 B：与人相处,吃点眼前亏,将来对自己可能有好处	杨中芳 和赵志裕 (1997)

(续表)

序号	题项	来源
1-2	A：做事情不要想得太多，想多了什么也做不了 B：做事之前，应该全面考虑各方面的因素才好	
1-3	A：做事要能面面俱到，不要因小失大 B：如果要把一件事做成，不可能讨好每一方面	
1-4	A：处理事情，要当机立断，免得节外生枝 B：事情发生时不要急于采取行动，先静观一下事态的发展再说	
1-5	A：做事如不采取强硬态度，别人便会看不起你 B：任何事做得过火，通常会适得其反	
1-6	A：处理任何事情不能一概而论，要依当时的情况去考虑 B：处理任何事情的道理其实都是一样的	
1-7	A：自己觉得应该做的事情就立即去做，不要瞻前顾后 B：事先想好事情可能带来的后果，再决定去不去做，是稳当的做法	
1-8	A：一件事情总有好的和坏的两方面，就看你怎么看了 B：不管你怎么看，每件事情都可以总结为"好的"或"不好的"	
1-9	A：与人相处，只做到"合理"是不够的，还要"合情"才恰当 B：与人相处依理行事即可，不必兼顾人情	杨中芳和赵志裕（1997）
1-10	A：人为争一口气，有时候得不怕得罪人 B：为了与周围的人和睦共处，有时候得忍一口气	
1-11	A：世事很少是简简单单的，需要一些时间才能搞清楚来龙去脉 B：世事看起来复杂，但背后的道理非常简单	
1-12	A：一个人就算运气好，也要看你能否抓住机会 B：一个人要是运气好，自己不用做什么，机会也会自动找上门	
1-13	A：不管自己多么有理，"放人一马"总是好的 B：有理就要据理力争	
1-14	A：这个世界上的问题，让一步，就很容易解决 B：要达到自己想要的结果，就必须坚持到底	
1-15	A：做事总要以维持大局为重，不要只考虑到自己 B：做事总是要顾全大局的话，往往只是委曲求全	
1-16	A：人定胜天 B：人的成功，天时、地利、人和，一样也不能少	

(续表)

序号	题项	来源
2-1	意见讨论时，我会兼顾相互争执的意见	吴家辉和林以正（2005）
*2-2	决定意见时，我通常都不回去管别人怎么想	
2-3	我习惯从多方面的角度思考同一件事	
2-4	在表达意见时，我会听取所有的意见	
2-5	做决定时，我会考量各种可能的状况	
2-6	我会试着在意见争执的场合中，找出让大家都能够接受的意见	
2-7	我会试着在自己与他人的意见中，找到一个平衡点	
2-8	我会在考虑他人的意见后，调整我原来的想法	
2-9	我期待在讨论的过程中，可以获得具有共识的结论	
2-10	我会试着将自己的意见融入他人的想法中	
*2-11	就算可能产生争执，我也会表达可能造成冲突的意见	
2-12	我通常会以委婉的方式表达具有冲突的意见	
2-13	在决定意见时，我会试着以和谐的方式让少数人接受多数人的意见	
2-14	我在决定意见时，通常会考量整体氛围的和谐性	
2-15	在做决定时，我通常会为了顾及整体的和谐，而调整自己的表达方式	
3-1	要合理，也要合情	杜旌和姚菊花（2015）
3-2	要不偏不倚，选择适中的方案	
3-3	要尽可能地不冒进、不走极端	
3-4	要取中讲和，恪守中道	
3-5	要考虑周围人的想法和做法	
3-6	要为了整体和谐来做调整	
3-7	要考虑各种情形保持适度	
3-8	要平衡(如平衡自己和环境)	
3-9	要心态平和、不激进	
3-10	要沉稳冷静、不急不躁	
3-11	要保持谨慎低调	
3-12	大体上过得去就可以	
3-13	中等就可以了	
3-14	一般都是随大流	
3-15	处于普通状态就可以了	
3-16	采取保守策略	

(续表)

序号	题项	来源
3-17	要善于回避矛盾，保全自己	杜旌和姚菊花(2015)
3-18	为避免冲突，会选择妥协	
4-1	我的领导认为任何事情都是相对的，不搞绝对化	
4-2	我的领导说话、做事在分寸感上总能恰到好处	
4-3	我的领导做事情不走极端、不过度	
4-4	我的领导能全面、充分地考虑各种环境因素与条件	
4-5	我的领导能接纳并协调正反两方面的意见，但不和稀泥	
4-6	我的领导试图尝试多种多样的方法去解决问题	
4-7	我的领导更注重合作而不是一味地竞争	
4-8	我的领导将组织或团队的功劳归于集体而非个人	
4-9	我的领导将彼此看成是一个整体，没有区别对待	
4-10	我的领导实现员工与企业共创、共享、共赢	
4-11	我的领导鼓励组织通过相互对话来解决问题	
4-12	我的领导能不带私心地处理问题，做到客观公正	辛杰和屠云峰(2020)
4-13	我的领导秉持利他思想，总是在想着如何能帮助别人	
4-14	我的领导能让员工有精神上的升华和进步	
4-15	我的领导致力于心灵的成长，提升自己的觉悟	
4-16	我的领导自我超越，勇于质疑和自我批判	
4-17	我的领导建立了彼此高度信任的组织氛围与文化	
4-18	我的领导能接纳和应对不确定性的环境，探索各种可能性	
4-19	我的领导处理事情能灵活变通而并不墨守成规	
4-20	我的领导鼓励和支持新生事物与新生力量的不断涌现	
4-21	我的领导面对新环境和新问题能快速响应、敏捷应对	
4-22	我的领导对错误有宽容度，鼓励员工试错	
4-23	我的领导能包容一切人和事，接纳一切境况	
4-24	我的领导接纳和欣赏性格迥异的员工	
4-25	我的领导能积极，乐观地从错误中汲取智慧	

注：*为反向计分题项。

(三) 相关研究

在当前中庸人格特质的实证研究中，多将其作为调节变量和前因变量进行讨论，集中于以权变理论(contingency theory)、认知—情感加工理论(cognitive-affective processing theory)、情绪和认知机制(emotional and cognitive mechanisms)、社会交换理论(social exchange theory)、社会信息加工理论(social information processing theory)等理论为基础，探索了其与员工职业态度、工作行为、工作动机、工作关系、领导决策、绩效产出等方面的关系。

1. 中庸人格特质作为前因变量

1) 个体工作行为、态度和绩效

Pan 和 Sun(2018)基于自我调节视角对中国企业 62 个团队的 361 名员工的时滞数据进行检验发现，中庸人格特质能够通过影响认知适应力和情绪控制对员工的适应性绩效产生积极影响，这一正向中介机制会根据工作复杂程度有所调节。胡新平等(2012)通过分析 426 份员工数据发现，中庸人格特质通过影响组织和谐促进员工绩效的提升。Duan 和 Wei(2012)对 279 对员工及同事匹配数据发现了中庸人格特质通过影响授权感知而提升了对员工建言行为的正向效应。张光曦和古昕宇(2015)对 290 名员工的调查研究证实了员工中庸人格特质通过对员工满意度的提升实现创造力的增强。Qu 等(2018)通过对 291 对员工及同事配对数据的实证研究发现，中庸人格特质对员工的建言行为具有正向影响，同事促进焦点会增强、预防焦点会降低这一积极效应。杜旌和段承瑶(2017)通过研究 266 名员工领导配对数据发现，中庸人格特质会通过提升员工环境掌控感而提高其渐进式创新行为。

2) 人际关系与知识共享

魏江茹(2019)通过 210 份主管员工配对样本发现，中庸人格特质通过影响知识共享行为而对其创新行为产生"倒 U 型"影响。陈岩等(2018)以 53 个团队的 423 名员工为研究对象，证实了中庸人格特质通过影响团队成员之间的知识交换与结合进而影响团队创新，其中团队信任程度具有正向调节效应。杜旌和段承瑶(2017)证实了中庸人格特质能够帮助

个体构建和谐人际关系，提升其助人行为。

3）决策制定

Li 等(2019)指出具备中庸人格特质的高层管理者善于倾听一线员工和基层管理者的意见与反馈，并形成对复杂问题的全面认知和综合利弊的解决方案。陈岩等(2017)对 58 个创业团队的 450 名团队成员进行调研发现，中庸人格特质通过正向影响创业团队成员行为整合程度实现对团队决策效率的提升，其中责任感知和包容氛围具有调节效应。陈建勋等(2010)聚焦企业高层领导者的中庸人格特质发现，高层管理者的中庸人格特质通过对组织两栖导向、员工相依性和部门连接性的增强而实现对组织绩效的提升。然而，这种两栖性并不同时发生，而是在探索导向(exploration)和利用导向(exploitation)中交替反复实现动态平衡(Rhee 和 Kim，2019)。Yuan 和 Chia(2011)发现，在招聘过程中面试官更倾向于选择中庸人格特质的求职者。

2. 中庸人格特质作为调节变量

现有研究集中探索了中庸人格特质作为调节效应对领导风格与员工态度、行为与绩效之间关系的影响。罗瑾琏等(2018)整合不确定管理论和权力社会距离理论对 210 名企业员工进行调研发现，双元领导通过影响个人权利感知实现对亲社会沉默行为的影响，中庸人格特质会负向调节这一中介机制。Cai 等(2017)以 32 家企业、100 个团队的调研数据为基础，探索了双元变革型领导(以个人为中心和以团队为中心)、团队关系冲突和信息阐述(information elaboration)的影响机制，并识别了中庸人格特质的调节效应。张军伟和龙立荣(2016)利用 50 名管理者与 294 名员工的配对数据发现，服务型领导通过构建团队宽恕氛围实现对员工人际公民行为的影响，而员工中庸人格特质会增强这一中介机制。吴士健等(2021)通过 347 份调查数据检验了被中介调节模型发现，差序式领导通过影响员工创造力自我效能感，从而影响员工创造力的提升，中庸人格特质能够增强这一机制。牛莉霞和刘勇(2021)采用经验抽样法对 8 家高新技术企业的 68 名员工开展连续 10 周的调查研究发现，双元领导会给员工带来矛盾体验，这种矛盾体验既会导致员工创造力的提升，也会使得员工拖延；在这一过程中，中庸人格特质不仅会强调积极效应，也会弱化消极效应。王惊等(2019)发现威权式领导因影响员工心理安全感知而影响强制性公民行为,中庸人格特质会缓冲这一机制。沈伊默等(2019)基于多阶段、多来源研究范式对 93 名主管、369 名员工的匹配数据进行研究发现,主管辱虐行为因破坏心理契约而消极影响员工的创造力,中庸人格特质会弱化这一消极影响。

除探索中庸人格特质对领导风格作用机制的影响外,学者还探索了其他关系间中庸人格特质的调节效应。

1) 对个体特质与员工态度、行为与绩效之间关系的影响

卿涛和刘崇瑞(2014)以 282 名一线员工为样本探索了主动性人格特质通过增强领导成员交换促进员工建言行为,而中庸人格特质会促进这一机制。

2) 对团队氛围与工作态度之间关系的影响

周晖等(2017)发现组织差错管理氛围会通过影响团队成员之间的交换关系,从而促进员工创新行为的实施,而中庸人格特质会弱化这一中介机制。姚艳虹和范盈盈(2014)通过对 506 名员工的调查研究发现,个体需要与组织供给的匹配、工作要求与个人能力的匹配均会积极影响员工创新行为的实施,而中庸人格特质会强化这一效应。

总体来看,当前研究多将中庸人格特质作为调节变量开展研究(如图 2.6(a)所示),仍有部分学者探索了中庸人格特质作为前因变量对工作行为、态度及绩效等方面的影响(如图 2.6(b)所示)。

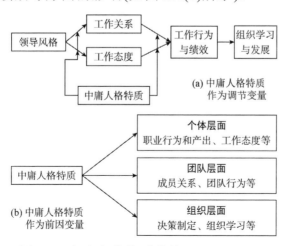

图 2.6 中庸人格特质的前因与调节效应

本章小结

　　本章分别对企业新型学徒制项目和人格特质理论开展综述，厘清了相关概念的内涵、维度及研究进展与演进脉络。总体而言，当前企业学徒制研究多探索于学徒制的积极效应，但亦有研究识别了学徒制项目的不良实践会导致师徒双方心理、情绪及行为的恶性影响，甚至会阻碍组织绩效的提升。因此，从人格特质视角切入企业学徒制项目有效性研究可以在推进相关理论前行的同时，也能为师徒匹配、人员培训等实践活动提供理论参考。人格特质激活理论指出，不论是积极人格特质(如主动性人格特质、谦逊人格特质等)还是消极人格特质(如马基雅维利、精神病、自恋等暗黑三人格特质)，都需要在特定情景线索的激活后才会发挥或好或坏的效能。

　　通过以上梳理可以发现，以往研究为本书奠定了夯实的研究基础，但仍存在一些问题有待改善，具体如下。

　　(1) 聚焦中国企业开展的学徒制项目有效性研究仍处于起步阶段，虽然已有研究从人格特质视角出发对学徒制项目的有效性开展探索，但研究结论仍较为零散且缺乏整合梳理，亦无中西人格特质视角的对比。

　　(2) 当前人格特质研究集中于以特质激活理论为基础探索不同场景下对不同人格特质的激活状态与程度。因此，本书遵循如此范式，试图在企业学徒制场景下探索师徒双方人格特质(主动性人格特质、中庸人格特质等)在不同场景下(师徒特质、团队氛围等)对学徒制项目有效性(主动性行为、建言行为、幸福感等)的影响。

第三章 数据收集与实证方法

本书采用实证研究范式开展研究，依据各阶段研究目的选择恰当的研究策略展开分析。第一章采用规范研究厘清现实背景、界定研究问题；第二章采用文献综述研究明晰各核心构念的概念内涵、构成维度、测量工具与研究现状，为后续研究夯实理论基础；第三章采用研究设计与实证方法，旨在介绍核心理念的测量工具、数据质量情况与实证分析流程，为后续各章节开展实证研究奠定工具基础。在通过理论研究形成本书的整体研究框架和具体的研究假设后，本书通过问卷调研方式获取实证研究数据，以检验与修正本书所提出的理论模型和研究假设。为了确保实证研究所得出结论的真实性、有效性和可靠性，本书严格遵循科学的研究原则、方法与步骤进行研究，具体步骤如下。

1) 问卷设计

本研究以自行设计的问卷作为调查工具，问卷整体由 3 部分构成：第一部分对本书的研究目的、意义和资助资金进行简要介绍；第二部分是问卷填答者的基本信息表；第三部分是问卷的主体，本书所涉及各项构念的测量量表。为了确保量表的信度和效度问题，本书对中文量表根据此次的具体研究目的进行必要的修正，对英文量表采用"翻译—回译"方式形成中文量表，并对其进行细微地修正，具有一定的科学性。问卷测量工具的形成与性能检测将在后文中进行详细论述。

2) 预调研与正式调研

虽本书问卷均来自已成型的量表，并且这些量表多在中国情境下设计开发，但本书对这些量表根据此次的研究目的进行了必要的修正和调整，故而需采用预调研的方式，以确保本书所采用问卷对于此研究具有一定的信度和效度。在确认所采用量表具备信度和效度后，本书采用实地调研方式对问卷进行发放并在被试者进行问卷填答时给予一定的现场指导和答疑。

3) 数据分析

在问卷回收后，本书采用 SPSS 23、AMOS 23 等软件对数据进行处理和分析。具体采用的实证研究方法包括探索性因子分析、验证性因子分析、相关分析、方差分析、多元回归分析和结构方程分析等。

第一节　问卷调查与数据收集

构念的概念化(conceptualization)是社会科学研究中对特定现象的理论内涵与边界进行阐述，以确保研究对象的一致性和可沟通性(即达成学者与研究间的共识)，是后续开展实证研究的初始。实证研究要求通过实践数据对不可观察的抽象概念进行测度与衡量，即要对概念进行操作化(operationalization)。只有将概念操作化定义后，才有可能通过构成要素与测量指标对抽象概念进行衡量。因此，本节首先对核心概念的操作化定义进行论述，然后根据研究目的构建适当的测量工具与调查问卷，最后简要论述数据的收集过程与样本的描述性统计分析。

一、操作化定义与测量工具

本书的研究目的在于通过人格特质视角切入企业新型学徒制项目的有效性研究，核心概念包括主动性人格特质、谦逊人格特质及中庸人格特质等，其操作化定义如表 3.1 所示。后续章节将根据研究目的所选择的构念在各章节中进行简要论述。

表 3.1　核心概念的操作化定义

概念	操作化定义	依据
主动性人格特质	一种聚焦未来、变革导向的稳定性个体行为倾向，指个体不受制于环境限制而自主发起、主动寻求新途径、新方法和新思路的潜在倾向	蔡地等(2020)；Crant 等(2017)等

（续表）

概念	操作化定义	依据
谦逊人格特质	一种稳定行为倾向，指个体采用一种更为均衡的视角看待并评价自身的优缺点，能维持开放的思维去接受并学习他人的观点、意见与反馈，并能够公平、公正地评估和认可他人的价值与贡献	毛江华等(2017)；谢清伦和郁涛(2018)等
中庸人格特质	一种稳定行为倾向，指个体以综合考量、因地制宜、执中求和为特征回应工作中的人、事、物的行为准则和价值取向	杜旌等(2018)；杜旌和姚菊花(2015)等

在明晰核心概念的操作化定义后，依据研究目的选择了成熟的研究量表并根据实际情况做出调整，其维度及量表选择如表 3.2 所示。以上量表及后续量表中初始量表为英文的，均采用"翻译—回译"的方式并参考国内学者相关研究对比反复修正。问卷设计采用了李克特 5 点计分法。

表 3.2　核心概念的测量工具

概念	维度	量表来源
主动性人格特质	单维度构念	Li 等(2014)
谦逊人格特质	三维度构念，包括清晰的自我认知、欣赏他人和可教性	Owens 等(2013)
中庸人格特质	四维度构念，包括执中一致、慎独自修、消极成就和消极规避	杜旌和姚菊花(2015)

二、数据收集与样本描述性统计

本书采用师傅与徒弟配对的方式开展问卷调查，一套完整的问卷包含两部分内容。

(1) 由徒弟填写的"徒弟调查问卷"，主要是让徒弟对自身的人格特质、心理状态和工作行为进行评价(调查问卷见附录 B)。

(2) 由师傅填写的"师傅调查问卷"，主要是让师傅对自身的人格特质、心理状态和工作行为进行评价(调查问卷见附录 A)。

在实施调查前，首先分别打印装订"师傅调查问卷"与"徒弟调查问卷"并装入封口处贴有双面胶的公文袋中。然后，根据从企业人力资源管理部门获取的师傅徒弟统计材料，将同等数量的"徒弟调查问卷"与"师傅调查问卷"装入大文件袋封存后一同寄给被抽样选中的师傅。如此，一方面采用多源信息能够在一定程度上避免同源方差带来的不利影响(Podsakoff 等，2003)，另一方面也因信息的分开采集而确保徒弟和师傅能够尽可能如实地填写问卷。

调研企业选择了河北省 3 家实施学徒制项目的制造业企业开展问卷调查，共发放并回收了 360 对师徒配对数据。依问卷卷面潦草与否、填答规范与否等标准，剔除无效问卷 51 对，剩余有效问卷 299 对，有效问卷回收率为 83.06%。

员工样本的描述性统计分析如表 3.3 所示。其中，男性员工的占比为 62.80%，女性为 37.20%；年龄主要集中在 26 岁至 30 岁之间(37.10%)和 31 岁至 40 岁之间(42.50%)；在受教育程度方面，样本主要集中在大专(33.40%)与本科(41.50%)，其余学历占少数(25.10%)；婚姻状况主要以已婚为主(68.90%)，未婚人士占 31.10%，基本符合总体样本分布。

师傅样本的描述性统计如表 3.4 所示。其中以男性员工为主(80.80%)，女性占 19.20%；年龄主要集中在 31 岁至 40 岁之间(51.90%)和 41 岁至 50 岁之间(25.00%)；在受教育程度方面，样本主要集中在大专(25.00%)与本科(59.60%)，其余学历占少数(15.40%)；婚姻状况以已婚(88.50%)为主，未婚人士占 11.50%，处在合理范围。

表 3.3　员工样本的描述性统计分析(N=299)

个人信息	分类	频数	所占百分比/%
性别	男	201	62.80
	女	98	37.20
年龄	25 岁及以下	22	7.40
	26～30 岁	111	37.10
	31～40 岁	127	42.50
	41～50 岁	36	12.00
	50 岁以上	3	1.00

(续表)

个人信息	分类	频数	所占百分比/%
受教育程度	高中及以下	71	23.80
	大专	100	33.40
	本科	124	41.50
	硕士	3	1.00
	博士	1	0.30
婚姻状况	已婚	206	68.90
	未婚	93	31.10

表 3.4　师傅样本的描述性统计分析(N=52)

个人信息	分类	频数	所占百分比/%
性别	男	42	80.80
	女	10	19.20
年龄	26～30 岁	6	11.50
	31～40 岁	27	51.90
	41～50 岁	13	25.00
	50 岁以上	6	11.50
受教育程度	高中及以下	7	13.50
	大专	13	25.00
	本科	31	59.60
	硕士	1	1.90
婚姻状况	已婚	46	88.50
	未婚	6	11.50

第二节 数据质量评估流程

一、信度与效度检验

本书量表皆选自国内外学者所开发且公开发表的成熟量表，在中国情景下已得到广泛应用，其信度与效度已通过大量实证研究的检验。故而，无须重复对量表进行量表项目分析(item analysis)，仅需开展数据对模型构念的信度和效度检验即可。本书运用 SPSS 26 和 Mplus 8 进行回收数据的信度与效度检验。

信度(reliability)是指观测题项对目标构念的测量结果的稳定性程度与一致性程度，它包括量表的内在效度与外在效度两个维度。具体操作流程如下。

首先，运用 Kaiser-Meyer-Olkin(KMO)检验和 Bartlett 球形检验确认所回收数据可用于因素分析。当 KMO 指标大于 0.90 时，非常适合因素分析；当 KMO 指标位于 0.80 与 0.90 之间时，适合开展因素分析；当 KMO 指标位于 0.70 与 0.80 之间时，可以接受开展因素分析；当 KMO 指标位于 0.60 与 0.70 之间时，可以开展因素分析但效果较差；当 KMO 指标小于 0.60 时，不适合开展因素分析。与此同时，Bartlett 球形检验应显著。

其次，判断各测量题项对潜在变量的标准化因素负荷量。当标准化因素负荷量低于 0.60 时，表明该题目对于所回收数据而言缺乏题目信度，应予以删除；当所有测量题项的标准化因素负荷量大于 0.60 时，判断数据对潜变量测量模型的拟合优度指标是否符合标准。通常而言，模型的拟合优度可通过以下指标进行判断：卡方值(chi-square)与自由度(degree of freedom，df)之比(χ^2/df，大小在 1 与 3 之间)、比较拟合指数(comparative fit index，CFI，>0.90)、TLI 指数(tucker-lewis index，>0.90)、近似误差均方根(root mean square error，RMSEA，<0.08)、标准化近似误差均方差(standardized root mean square residual，SRMR，<0.08)。

最后，评估测量模型的信度与收敛效度。通常而言，组织与管理领域使用 Cronbach's a 系数作为内在效度的衡量标准。Nunnally(1978)指出，Cronbach's a 系数应大于 0.70；当 Cronbach's a 系数小于 0.35 时则表明样本信度较低，不适合进行统计分析。Churchill(1979)认为，在进行小样本信度分析时，应计算矫正后题项总计相关性系数(corrected item-total correlation，CITC)。通过 CITC 的计算结果，可进一步提高模型构念的 Cronbach's a 系数。具体而言，在计算 CITC 时，特定题项的 CITC 系数应在 0.40 以上，且删除该题项后 Cronbach's a 不应有显著性提升。

亦有研究使用组成信度(composite reliability，CR)替代 Cronbach's a 系数进行信度检测。特定潜变量的 CR 值是指测量题项对该变量构成的可信性，类似于 Cronbach's a，是内部一致性的测量。Hair 等(2009)认为 CR 值应该在 0.70 以上；Fornell 和 Larcker(1981)指出 CR 值大于 0.60 即可。在计算 CR 值时，需要先对通过测量模型拟合优度检验的各题项的标准化因素负荷量计算各题目多重相关的平方(square multiple correlations，SMCs)进行计算。模型的收敛效度使用平均变异萃取量(average variance extracted，AVE)进行检验。所谓 AVE，其实质是测量题项对变量差异解释的平均百分数。AVE 值越高，意味着潜变量的辨识力度和收敛性越好。Fornell 和 Larcker(1981)认为 AVE 应不低于 0.50。两者计算公式如下：

$$CR = \left(\sum \lambda\right)^2 / \left[\left(\sum \lambda\right)^2 + \sum \delta\right] \tag{3-1}$$

$$AVE = \left(\sum \lambda^2\right) / n \tag{3-2}$$

其中，λ 是因素负载，n 是测量指标个数，δ 是残余方差。

后续实证研究遵循以上检验顺序，对各研究中所涉及潜变量(如师徒的主动性人格特质、谦逊人格特质等)的测量模型进行检验。具体测量模型及检验结果见相关章节的信度与效度检验部分。

二、区分效度与竞争模型检验

在进行各构念内部信度和收敛效度的检验后，仍需在各子研究整体模型的视角下探索构念之间是否具有良好的区分效度。在进行区分效度检测时，参考 Fornell 和 Larcker(1981)建议的方法，将不同潜在变量的平均变异萃取量(AVE)的均方根与该潜在变量与其他变量的相关系数做比较。如果特定变量 AVE 的均方根大于其与其他变量的相关系数，则证实该潜在变量与其他潜在变量之间具有显著的区别性。

亦有学者采用竞争模型的方式进行区别效度的检验。竞争模型是指运用随机打包的方式将潜在变量组成新变量，将其与理论模型进行拟合优度的比较。当理论模型的拟合优度优于其他竞争模型时，则证明理论模型各变量具有较好的区分效度。

本书遵循以上两种区分效度的检测方式进行实证检验，具体实证结果见相关章节的区分效度与竞争模型检验部分。

第三节　实证分析方法

在确保了回收数据对测量模型的拟合匹配后，本书根据研究目的进一步开展实证研究，主要检验不同类型的人格特质对企业学徒制项目有效性的影响效果(直接效应)及作用机制(中介效应)，并探索对个体人格特质实现激活或抑制的情景线索(调节效应)。为此，本节对后续研究采用的实证研究方法与流程进行简要论述。

1) 直接效应(direct effect)

直接效应是指自变量(X)对因变量(Y)的直接影响，可为正向效应或负向效应。但直接效应的验证无法明晰变量之间的内部过程与作用机制，近年来学者尝试广泛探索中介效应、中介机制。

2) 中介效应(mediation effect)

所谓中介变量(M)，指自变量 X 对因变量 Y 的影响需要通过 M 实现，其可分为完全中介或部分中介。对中介效应的验证，学术领域广泛采用 Baron 和 Kenny(1986)所构建的逐步法(causal steps approach)。该方法对中介效应的检测要求自变量到因变量(c)、自变量到中介变量(a)、中介变量到因变量(b)的效应值均显著，则可验证中介效应(ab)显著。但理论来看，a 和 b 的显著并不能确保两者乘积(ab)显著。为此，Sobel(1982)构建了一种检验 ab 乘积显著性的方法，但该方法要求的 ab 符合正态分布难以达成。后续学者尝试了 Sobel 检验的替代方法，如乘积分布法、Bootstrap 法和马尔可夫链蒙特卡洛(MCMC)法(温忠麟和叶宝娟，2014)，其中 Bootstrap 法得到了更为广泛的推崇和实践。Bootstrap 法是一种从样本中反复取样的研究方法(温忠麟和叶宝娟，2014)，通过判断不同置信水平下置信区间是否包含 0 对 ab 的显著性进行检验。基于此，本书对中介效应的检验均采用 Bootstrap 法。

3) 调节效应(moderation effect)

调节效应(M)是对自变量(X)和因变量(Y)关系强度和方向产生影响的变量。常见的调节变量类型包括类别变量(categorical variable)和连续变量(continuous variable)。在检验类别变量的调节效应时，通常采用分组方式开展结构方程模型分析(温忠麟等，2005)。在检验连续变量的调节效应时，通常做自变量(X)和调节变量(M)的交互项(XM)，然后比较 Y 对 X、M 的回归系数和 Y 对 X、M、XM 的回归系数，当两者存在显著差异时则证实了 M 具备显著的调节效应(温忠麟等，2005)。本书所涉及调节效应的检测，均为连续变量的调节效应，遵循温忠麟等(2005)检验流程开展检验。

4) 有调节的中介效应(moderated mediation effect)

有调节的中介效应是一种既包含中介变量又包含调节变量的常见模型。因此，在检验有调节的中介模型时，首先检验中介效应是否显著，再判断直接效应是否受到调节，之后再判断中介前半路径、中介后半路径、中介前后路径是否受到调节。如果依次检测结果至少有一组显著，则可知中介效应受到了调节效应。但调节效应是否显著，仍需要通过 Bootstrap 法对乘积项的显著性进行判断。鉴于本书研究问题和取向，仅对有调节的中介模型进行简要介绍，其他检验方法可见温忠麟和叶宝娟(2014)。

基于此，本书在后续开展实证研究时，按照直接效应、中介效应及调节效应构建研究假设并开展实证检验。

本章小结

　　本章首先对全书所涉及的核心概念(主动性人格特质、谦逊人格特质和中庸人格特质等)进行操作化界定，并以国外成熟量表为基础构建测量问卷。在已形成研究测量工具的基础上，采用问卷调查法对河北省3家制造业企业开展现场调研，回收了299份有效匹配的问卷，并对回收的样本开展描述性统计分析。之后，鉴于具有信度和效度的实证研究数据是确保研究结论具有推广价值和参考价值的关键，故而对检验数据信度和效度的研究方法进行简要论述，包括信度检验、效度检验和竞争模型检验。最后，简要介绍了直接效应、中介效应、调节效应和有调节的中介调节效应的检验方法。

　　总体来看，本章为全书奠定了可信的数据基础和规范的数据分析方法基础。

第四章 师徒主动性人格特质与徒弟职业呼唤

第一节 研究问题提出

新生代员工因缺乏职业认同、意义感而频繁跳槽，导致我国制造业企业人才流失严重，不仅造成企业人力资源大量流失，还会制约企业的创新能力和创新产出(田喜洲等，2012；田喜洲和左晓燕，2014)。原因在于，中国经济的蓬勃发展使金钱、物质等外在激励对新生代员工的激励效应不断衰减(史珈铭等，2018)。

职业呼唤(career calling)是指个体遵循"内心的声音"，从事有意义、与价值观相一致职业时的积极心理认知状态(田喜洲等，2012)，能增强个体的工作满意度(Peterson 等，2009)和职业承诺(Duffy 等，2011)，增强组织公民行为(Elangovan 等，2010)和工作投入(Dobrow 和 Tosti-Kharas，2011)并降低员工的离职倾向(Cardador 等，2011)，有助于制造业企业实现新生代人才的持续激励与留任。

如何激发员工的职业呼唤？现有研究仍处于起步探索阶段(Duffy 和 Dik，2013)，仅从宗教信仰(Yoon 等，2015)、核心自我评价(Harze 和 Ruch，2012)和精神型领导(史珈铭等，2018)等视角探索过这一问题。虽然加深了人们对职业呼唤的认知，但仍缺乏制度与实践层面上的探索。作为典型的制度化项目，企业学徒制是企业人才培养与开发的重要实践之一，诸如华为等企业已尝试推广实施(叶龙等，2020)。学徒制项目可以帮助新员工获取职业发展所需能力、社会和心理的相关指导(Kram，

1988)，从而促进其职业成功(Allen 等，2004)、绩效提升(Eby 等，2008)。

如前所述，因管理不善、制度不健全及利益、情感冲突等，学徒制项目并非一定呈现积极状态(崔琦和何燕珍，2019)，每 18 对师徒关系中就有 1 位徒弟认为师徒关系呈现"失调"状态(Kram 和 Isabella，1985)，并且有研究发现人格特质是重要的影响因素(崔琦和何燕珍，2019)。作为近年来备受关注的人格特质，主动性人格特质是指个体自发性营造有利环境的稳定倾向(Bateman 和 Crant，1993)，善于主动寻求有助于自身发展的相关资源，并与周遭的人、事、物建立积极关联(Gong 等，2012)。因此，师徒关系作为徒弟职业发展的重要组织资源，主动性程度较高的个体会构建和谐的师徒关系以促进职业呼唤的形成。

综上所述，本章试图明晰以下问题：徒弟主动性人格特质能否通过诱发师傅指导行为而显著促进自身职业呼唤的形成？师傅主动性人格特质在其中具有何种调节效应？以上问题的明晰，一方面能够回应 Duff 和 Dik(2013)强调职业呼唤研究应深入探究形成机制和边界条件的呼吁，另一方面也可以丰富师徒关系的前因研究和主动性人格特质的后效研究，为制造业企业及其他组织后续开展学徒制项目和解决研发人员流失问题提供一定的理论借鉴。

第二节 假设提出与模型构建

一、徒弟主动性人格特质对职业呼唤的直接效应

职业呼唤是指个体在外在引导和内在驱动的双重作用下形成职业意义感、目标感、充实感和自我实现感的心理构念(史珈铭等，2018)，具有主观性、激励性和亲社会性等属性(田喜洲等，2012)。主动性人格特质是指个体自发改善周遭情境的长期稳定行为倾向(Bateman 和 Crant，1993)。元分析显示，高主动性人格特质有助于个体绩效提升、组织承诺强化和社会网络稳固(Gong 等，2012)。高主动性个体通过实施如建设

性创新、社会网络构建等主动行为促进职业发展和职业满意度(Seibert
等，2001)。于海波等(2016)也证实了主动性人格特质通过增强职业生涯
适应力而促进职业成功。

员工主动性与职业呼唤存在诸多联系：高主动性人格特质个体善于
在工作中寻找到意义感和目的感，这是形成职业呼唤的关键(Seibert 等，
2001)。即便对当前职业生涯和工作环境存在不满，高主动性个体也会
主动采取行动去创造有利条件开展职业生涯的自我管理(于海波等，
2016)，有助于形成高水平的职业呼唤。通过主动工作行为获得的薪酬、
职位及认可等外在或内在激励会提升个体对工作的认同感和自我实现
感，从而促进职业呼唤的形成。因此，提出如下假设。

假设 4-1：徒弟主动性人格特质正向影响其职业呼唤。

二、师傅指导行为的中介效应

师傅指导行为(mentoring behavior)是指在工作场所中有经验的资深
员工(即师傅)通过职业指导、心理支持和角色楷模等行为帮助经验不足者
(即徒弟)适应工作需求的一种支持性组织资源(叶龙等，2020)，包括职业
发展指导、社会心理支持和角色楷模 3 个行为维度(Scandura，1992)。

具有高水平主动性人格特质的徒弟能够激发师傅更高水平的指导行
为。首先，高主动性人格特质的徒弟在遭遇工作难题时，通常会主动寻
求师傅帮助以获得与工作、任务相关的知识、技术和程序等的解答。换
言之，高主动性人格特质的徒弟会获得师傅更高水平的职业指导行为。
其次，高主动人格特质的徒弟在工作中遭遇到不安、衰竭或焦虑时会倾
向于主动向师傅坦诚并倾诉，从而触发师傅更高水平的心理疏导行为。
最后，高主动人格特质的个体会主动开展社会学习，寻求工作环境中值
得学习与借鉴的心智模式、行为逻辑和潜在规范等，进一步以"干中学"
形式强化师傅的角色榜样功能。总而言之，主动性人格特质的徒弟在工
作场所中所呈现的主动行为倾向会触发师傅开展职业指导、社会心理支
持和角色楷模等指导行为。

师傅指导行为作为一种积极组织资源，能够帮助徒弟在工作和职
场中获得积极的情感体验与最佳的工作状态，进而塑造徒弟的职业呼

唤。举例而言，叶龙等(2020)基于资源保存理论将 14 家企业的 584 名员工作为调查对象发现，和谐的师徒关系有助于提升徒弟的工作繁荣(thriving at work)进而激发徒弟工匠精神(craftman spirit)的提升。无论是工作繁荣或是职业呼唤，其本质都要求员工在工作过程中与职业场所内体验到正向情绪和活力状态，而有效的学徒制项目能够实现如此目标。在学徒制项目中，师傅所提供的职业发展指导、社会心理支持和角色楷模等行为，都能帮助徒弟从能力、情感及关系维度更快、更好地适应组织环境，激发徒弟对组织和职业的认同、激情和繁荣感知。换言之，师傅指导行为的实施有助于徒弟形成职业呼唤。故，提出如下假设。

假设 4-2：徒弟主动性人格特质通过诱发师傅指导行为进而促进自身职业呼唤的形成。

三、师傅主动性人格特质的调节效应

特质激活理论指出，主动性人格特质积极效应的发挥需要相对宽松且容错程度较高的职业场所和社交状态等情景线索(Tett 等，2021)。类似于徒弟主动性人格特质，具有高主动性人格特质的师傅也会积极主动地开展行动以改善所处情境并维持和谐人际(Seibert 等，2001)，这会为高主动性人格特质的徒弟提供适宜其主动性人格特质特征激活和效能发挥的社交场景。当主动性人格特质程度较高的资深员工成为师傅后会更积极主动地为徒弟提供关于职业、心理等维度的指导活动；也会用更加严苛的标准要求自己以身作则并成为楷模；特别是当徒弟也是高主动性人格特质个体时。一方面，高主动性人格特质的徒弟针对自身所遭遇到的职场难题和心理困境会主动寻求师傅指导(假设 4-1)；另一方面，即便徒弟并未主动寻求帮助，高主动性人格特质的师傅也会根据自己对周遭环境的认知主动为徒弟提供职业、心理和社会支持。与之相对，当师傅主动性人格特质较低时，不仅不会主动开展指导行为，还会视徒弟主动的指导请求为"骚扰"(崔琦和何燕珍，2019)，反而会降低实施指导行为的可能。因此，提出如下假设。

假设 4-3：师傅主动性人格特质会正向调节徒弟主动性人格特质与职业呼唤的中介机制。即，师徒主动性人格特质的交互效应以师傅指导行为为中介，影响徒弟职业呼唤。当师傅具有高主动性人格特质时，徒弟的高主动性人格特质能得到更多的师傅指导行为，进而对徒弟职业呼唤的正向影响更为显著。

综上所述，本研究构建了如图 4.1 所示的有调节的中介模型。

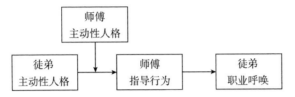

图 4.1　师徒主动性人格特质对徒弟职业呼唤的有调节的中介模型

第三节　变量测量与信效度检验

本章利用 SPSS 26.0 开展信度检测、效度检测、同源方差检验及竞争模型的区分效度检测。

一、变量测量与信度检验

(1) 主动性人格特质采用 Li 等(2014)编制的量表。运用 Cronbach's α 检验该量表信度发现，师傅主动性人格特质和徒弟主动性人格特质的 Cronbach's α 系数分别为 0.92 和 0.89，表明该量表在本章数据下具有较高的信度。

(2) 师傅指导行为采用 Castro 和 Williams(2004)基于 Scandura 和 Ragins(1993)改编而成的 3 维度、9 题项量表。其中，1～3 题是职业指导行为，如"师傅帮我调整职业目标"等；4～6 题是心理支持行为，如"我会向师傅请教私人问题"等；7～9 题是角色楷模行为，如"我把师傅当作我学习和模仿的对象"等。本章数据对该量表亦具有较高契合度，其 Cronbach's α 系数为 0.93。

(3) 职业呼唤采用 Dobrow 和 Tosti-Kharasl(2011)开发的单维度量

表，共 12 个题项。如"我享受做我的工作胜过其他任何事情""为了我的职业，我会不惜一切代价"等。回收数据对该量表的 Cronbach's α 系数为 0.96，表明其具有较高信度。

(4) 控制变量。参考以往的研究，分别选取年龄、性别、学历水平等人口统计学变量作为控制变量。

二、共同方法变异检验

为检验同源误差，采用 Harman 单因子分析方法(Podsakoff 等，2003)开展因子分析。结果显示，首因子解释变异量为 20.90%，总方差解释量为 68.20%。首因子解释变异量未占总变异量的一半，表明本章所涉数据的同源误差在可接受的范围内，不会对分析结果产生较大影响。

三、区分效度检验

采用验证性因子分析检验变量间区分效度，结果如表 4.1 所示。相较于其他模型，四因子模型拟合优度最佳，核心变量间具有良好的区分效度。

表 4.1　竞争模型的验证性因子分析结果

模型	χ^2	df	χ^2/df	CFI	TLI	RMSEA	SRMR
四因子模型 (MPP，PPP，MMB，PCC)	1 181	293	4.03	0.86	0.85	0.10	0.05
三因子模型 (MPP+PPP，MMB，PCC)	2 074	272	7.63	0.72	0.68	0.15	0.18
二因子模型 (MPP+PPP+MMB，PCC)	3 068	251	12.22	0.53	0.48	0.19	0.22
单因子模型 (MPP+PPP+MMB+PCC)	4 363	230	18.97	0.19	0.11	0.24	0.26

注：N 为样本数，N=309；MPP 为师傅主动性人格特质；PPP 为徒弟主动性人格特质；MMB 为师傅指导行为；PCC 为徒弟职业呼唤。

第四节　数据分析与实证结果

遵循第三章介绍的温忠麟和叶宝娟(2014)总结的有调节的中介效应程序检验主效应、中介效应和调节效应。

一、描述性统计与相关分析

各变量均值、标准差及相关系数如表 4.2 所示。师傅主动性人格特质与徒弟主动性人格特质无显著相关关系，徒弟主动性人格特质与师傅指导行为($\gamma = 0.53$，$p < 0.001$)、徒弟职业呼唤($\gamma = 0.23$，$p<0.001$)存在显著正相关关系，师傅指导行为与徒弟职业呼唤存在显著正相关关系($\gamma = 0.16$，$p < 0.01$)。为本后续研究假设提供了初步支持和基本依据。

表 4.2　研究变量的描述性分析与相关系数

变量	M-gen	M-age	M-edu	P-gen	P-age	P-edu	MPP	PPP	MMB	PPC
M-gen	—									
M-age	0.16**	—								
M-edu	−0.26***	−0.38***	—							
P-gen	0.03	0.13*	−0.07	—						
P-age	0.15**	0.13*	−0.11	0.00	—					
P-edu	−0.17**	0.03	0.10	−0.09	−0.27***	—				
MPP	−0.22***	0.08	−0.15**	0.02	−0.07	0.02	—			
PPP	0.12*	−0.25***	0.04	−0.09	−0.06	0.00	0.00	—		
MMB	−0.00	−0.28***	0.11	−0.04	−0.19***	0.07	−0.04	0.53***	—	
PPC	0.08	−0.05	−0.13*	0.03	0.05	−0.01	−0.04	0.23***	0.16**	—
Mean	1.22	3.15	2.50	1.37	2.51	2.18	3.74	3.85	3.82	4.02
SD	0.42	0.61	0.77	0.48	0.92	0.83	0.66	0.63	0.72	2.56

注：M-gen、M-age 和 M-edu 分别表示师傅性别、年龄和教育程度，P-gen、P-age 和 P-edu 分别表示徒弟性别、年龄和受教育程度，MPP 为师傅主动性人格特质，PPP 为徒弟主动性人格特质，MMB 为师傅指导行为，PPC 为徒弟职业呼唤，*表示 $p<0.05$，**表示 $p<0.01$，***表示 $p<0.001$。

二、假设检验与结果分析

遵循温忠麟和叶宝娟(2014)总结的有调节的中介效应检验程序检验假设模型。首先，将师傅主动性人格特质、徒弟主动性人格特质、师傅指导行为和徒弟职业呼唤标准化为 Z 分数后，将相应 Z 分数相乘得交互项：徒弟主动性人格特质×师傅主动性人格特质、师傅指导行为×师傅主动性人格特质。依式(4-1)检验主效应及师傅主动性人格特质调节作用，如图 4.2 所示。

$$PCC = c_0 + c_1 PPP + c_2 MPP + c_3 PPP \times MPP + e_1 \tag{4-1}$$

其中，PCC 为徒弟职业呼唤，PPP 为徒弟主动性人格特质，MPP 为师傅主动性人格特质，PPP×MPP 为徒弟主动性人格特质与师傅主动性人格特质的交互项，c_0 为常数项，c_1、c_2、和 c_3 为各变量的回归系数，e_1 为回归残差项。

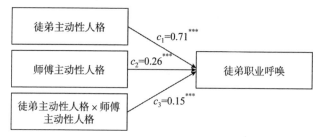

图 4.2　主效应和师傅主动性人格特质的调节效应检验([***]表示 $p < 0.001$)

1) 总效应检验

由图4.2可知，徒弟主动性人格特质显著正向影响徒弟职业呼唤(c_1=0.71，p<0.001)。本研究假设 4-1 得以验证。与此同时，师徒双方主动性人格特质的交互项对徒弟职业呼唤的调节效应亦显著(c_3=0.71，p<0.001)，意味着师傅主动性人格特质正向调节徒弟职业呼唤的影响。该检验为后续探索师傅主动性人格特质对中介机制的调节效应提供了检验前提。

其次，依式(4-2)构建：师傅指导行为对徒弟主动性人格特质、师傅主动性人格特质、徒弟主动性人格特质与师傅主动性人格特质交互项的回归；依式(4-3)构建：徒弟职业呼唤对徒弟主动性人格特质、师傅主动性人格特质、徒弟主动性人格特质与师傅主动性人格特质交互项、师傅指导行为、师傅指导行为与师傅主动性人格特质交互项的回归；以此检验师傅指导行为的中介效应、师傅主动性人格特质的调节效应，以及有调节的中介效应模型，具体结果如图4.3所示。

$$\mathrm{MMB} = a_0 + a_1\mathrm{PPP} + a_2\mathrm{MPP} + a_3\mathrm{PPP} \times \mathrm{MPP} + e_2 \tag{4-2}$$

其中，MMB为师傅指导行为，PPP为徒弟主动性人格特质，MPP为师傅主动性人格特质，PPP×MPP为徒弟主动性人格特质与师傅主动性人格特质的交互项，a_0为常数项，a_1、a_2和a_3为各变量的回归系数，e_2为回归残差项。

$$\mathrm{PCC} = c_0' + c_1'\mathrm{PPP} + c_2'\mathrm{MPP} + c_3'\mathrm{PPP} \times \mathrm{MPP} + b_1\mathrm{MMB} + b_2\mathrm{MMB} \times \mathrm{MPP} + e_3 \tag{4-3}$$

其中，PCC为徒弟的职业呼唤，PPP为徒弟主动性人格特质，MPP为师傅主动性人格特质，PPP×MPP为徒弟主动性人格特质与师傅主动性人格特质的交互作用项，MMB为师傅指导行为，MMB×MPP为师傅指导行为与师傅主动性人格特质的交互项，c_0'为常数项，c_1'、c_2'、c_3'、b_1、b_2为各变量的回归系数，e_3为回归残差项。

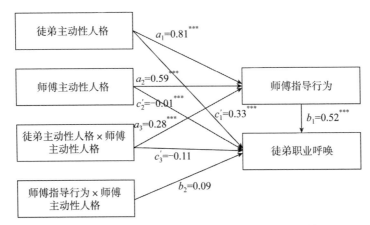

图 4.3　师傅指导行为的中介效应检验(*表示 $p<0.05$，**表示 $p<0.01$，***表示 $p<0.001$)

2) 中介效应检验

当总效应显著、自变量与中介变量、中介变量与结果变量的回归系数显著时，存在中介效应。总效应显著由图 4.2 证实，其中徒弟主动性人格特质显著影响其职业呼唤的形成（$c_1=0.71$，$p<0.001$）。中介效应显著由图 4.3 可知，徒弟主动性人格特质显著正向影响师傅指导行为（$a_1=0.81$，$p<0.001$），师傅指导行为显著正向影响徒弟职业呼唤（$b_1=0.52$，$p<0.001$）。可见，师傅指导行为在徒弟主动性人格特质和其职业呼唤间具有中介效应。与此同时，徒弟主动性人格特质对徒弟职业呼唤的直接效应仍然显著（$c_1'=0.33$，$p<0.05$），为部分中介效应。验证假设 4-2。

3）有调节的中介效应检验

当调节变量的调节效应显著且满足以下条件之一时，可证实存在有调节的中介效应。

① 自变量与调节变量的交互项显著预测中介变量且中介变量能够显著预测因变量。

② 自变量与调节变量的交互项显著预测中介变量且中介变量与调节变量的交互项能够显著预测因变量。

③ 自变量显著预测中介变量且中介变量与调节变量的交互项能够显著预测因变量。

图 4.2 证实了师傅主动性人格特质对徒弟主动性人格特质与徒弟职业呼唤之间关系的正向调节效应。其中，师傅主动性人格特质与徒弟主动性人格特质的交互项对徒弟职业呼唤具有正向显著影响（$c_3=0.15$，$p<0.001$）。图 4.3 显示，徒弟主动性人格特质与师傅主动性人格特质的交互项显著预测中介变量（$a_3=0.28$，$p<0.001$），且师傅指导行为显著正向影响徒弟职业呼唤（$b_1=0.52$，$p<0.001$）。满足条件①，意味着师傅主动性人格特质在徒弟主动性人格特质通过师傅指导行为影响徒弟职业呼唤这一关系中具有调节效应。

根据 Aiken 等(1991)归纳的简单坡度分析方法，将师傅主动性人格特质的调节效应绘制成图 4.4。具体操作是将中心化后的师傅主动性人格特质取高于/低于平均值一个标准差的数值后分别对师傅指导行为标准化数值进行回归分析。由图 4.4 可知，师傅高主动性人格特质下的回归直线更加陡峭，意味着徒弟主动性人格特质在横坐标上的改变会引发高主动性人格特质的师傅更多的指导行为。即假设 4-3 得以证实。

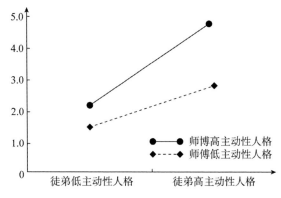

图 4.4　师傅主动性人格特质的调节效应

本章小结

综上所述，本章利用 3 家河北省制造业企业的 309 对师徒配对数据证实了所构建的有调节的中介模型，具体研究假设汇总如表 4.3 所示。通过实证研究发现，具有高主动性人格的徒弟更易形成较高水平的职业呼唤(假设 4-1)。具有高主动性人格特质的徒弟能获得更多的师傅指导行为(包括职业指导、心理辅导及角色楷模)，进而构建自身对所从事职业的呼唤感知(假设 4-2)。在这一中介机制中，师傅的主动性人格特质具有正向调节效应(假设 4-3)：当师傅具有高主动性人格特质时，徒弟主动性人格特质的增加会显著诱发师傅指导行为，进而构建徒弟职业呼唤；但是，当师傅主动性人格较低时，徒弟主动性人格对师傅指导行为的诱发和自身职业呼唤的形成所具备的正向效应被弱化。

表 4.3　本章研究假设汇总

研究假设	验证
假设 4-1：徒弟主动性人格特质正向影响其职业呼唤	支持
假设 4-2：徒弟主动性人格特质通过诱发师傅指导行为进而促进自身职业呼唤的形成	支持
假设 4-3：师傅主动性人格特质会正向调节徒弟主动性人格特质与职业呼唤的中介机制。即，师徒主动性人格特质的交互效应以师傅指导行为为中介，影响徒弟职业呼唤。当师傅具有高主动性人格特质时，徒弟的高主动性人格特质能得到更多的师傅指导行为，进而对徒弟职业呼唤的正向影响更显著	支持

第五章 师徒主动性人格特质 与徒弟主动性行为

第一节 研究问题提出

诚如前述，在VUCA(volatility，uncertainty，complexity，ambiguity)时代，企业获取并维持竞争优势愈发困难。企业不仅要提升员工的职业认同感和组织归属感(即第三章的职业呼唤)，更重要的是激发员工的主动性行为，让员工有意愿、有能力去充分发挥自身自主能动性，实现群策群力和由下至上涌现的创意创新(曾颢等，2019)。有研究发现，类似员工建言行为、知识共享行为等主动性行为(Tornau 和 Frese，2013)能够帮助组织打破单一的信息源状态，通过对有限信息、空间和资源的合理利用来发现并解决工作中出现的问题，以便更快、更好、更准确地回应外部环境的瞬息变化(Thomas 等，2010)。

主动性行为作为个体自发实施且兼具预见性的创新行为，因未来的不确定性、行为目标的长期性等因素，不仅暗含着潜在人际和绩效风险，还意味着在实施过程中需要克服困难并具有坚持不懈的意志力。因此，作为一种具有较高要求的职场行为，个体实施并坚持至达成目标需要有效的环境支持。

本章以工作要求—资源(job demand-resource，JD-R)模型为基础，将徒弟实施高水平的主动性行为作为需要大量消耗各类工作资源的工作行为，徒弟的主动性人格特质作为个体重要的性格资源，将师傅具备的主动性人格特质作为个体实施主动性行为的重要社会资源，探索师徒双方的主动性人格特质对徒弟主动性行为的作用机制与边界条件,并试图回答以下问题:徒弟个体主动性人格特质与其主动性行为具有何种关联机制?其中,心理授权扮演着何种角色?其所处的社交环境中扮演着重要角色的师傅所具备的主动性人格特质具有何种调节效应?具体而言,高主动性人格特质的师傅对徒弟主动性人格特质所内含的积极效应有何影响?能否实现对徒弟的低水平主动性人格特质进行补偿?以上问题的明晰,不仅有助于完善主动性研究的相关理论,厘清主动性人格特质与其主动性行为的内在作用机制和边界条件,明晰能够实现主动性人格特质激活的社交场景线索,还为后续制造业企业开展学徒制项目提供理论参考,并为其开展培训活动、激发主动性人格特质的积极效应提供指导。

第二节　假设提出与模型构建

一、理论基础：工作要求—资源模型

JD-R模型(Bakker和Demerouti,2007;Demerouti等,2001)是当前职场心理学最为重要的理论之一,最初被用于探索工作倦怠(burnout)的影响因素。该理论指出,工作目标的达成需要针对工作要求付诸努力,这种需要额外付诸的努力会导致工作衰竭与疲惫。在此基础上,因为工作资源的匮乏必然会阻碍工作目标的达成,从而导致工作疲劳与职业衰竭。随着研究的发展,JD-R不再局限于探索工作场所的消极维度。Schaufeli和Bakker(2004)引入工作融入(work engagement)作为工作幸福感的维度之一,尝试以JD-R理论为基础探索工作场所的积极现象(Lesener等,2019)。总体来看,JD-R模型的核心逻辑在于将各类职业、工作、岗位所必须面对的工作条件区分为工作要求(job demands)与工作资源(job resources),探索特定工作环境对工作者的心理状态和工作绩效的正向或负向影响。

所谓工作要求，是指完成工作目标所投入的与体力、脑力劳动相关的生理、社会与组织等相关要素，需要个体额外的生理与心理付出(Demerouti 等，2001)。常见的工作要求包括但不限于完成工作所需要投入的时间成本、所带来的工作压力、角色所应当承担的工作职责或明确约定的工作量等。诸如工作负荷、角色冲突、情绪要求、角色模糊等也在研究中得到了广泛关注(Bakker 等，2005)。在 Crawford 等(2010)的拓展性研究中，将工作要求进一步区分为挑战性工作要求(challenging job demands)和阻碍性工作要求(hindering job demands)。

相对地，工作资源是指在工作过程中与完成工作目标相关的生理、心理、社会与组织要素，有助于缓解工作要求及与之相关的额外付出，并且有助于激励个人成长与发展(Demerouti 等，2001)。在职场环境中，常见的工作资源包括但不限于积极绩效反馈、晋升机会、组织认可及物质激励等(Bakker 等，2005)，其他诸如工作自主性、组织与领导支持等工作特征亦是研究焦点(Lesener 等，2019)。Bakker 和 Demerouti(2017)进一步拓展了个人资源(personal resource)这一分类，将其定义为诸如乐观主义(optimism)、自我效能(self-efficacy)等个体对自身环境掌控能力的信念与认知，具有较高个人资源的个体会预期未来好事的发生，并且有能力处理不可预期的事件。

纵然随着研究发展，学者们对 JD-R 模型进行了若干修正并纳入了诸如工作重塑(job crafting)、个人资源(personal resources)或工作绩效等要素，其核心假设仍与 Demerouti 等(2001)保持一致(如图 5.1 所示)，具体内容如下：第一，工作要求对工作幸福感的损耗路径，即当工作要求超出工作资源时导致个体工作压力骤增而产生沮丧、倦怠、敬业度降低等消极工作状态；第二，工作资源对工作幸福感的增益路径，即当工作资源超出工作要求时导致个体工作满意度提升，具有更高的自我效能感与工作融入感等积极工作状态。换言之，当前研究依然集中于探索工作要求与工作资源的交互效应对个体情绪、行为与绩效的正向或消极影响(Bakker 和 Demerouti，2007；Lesener 等，2019)。

在 JD-R 模型的指导下，本章将徒弟的主动性人格特质视为个人资源，将师傅的主动性人格特质视为工作资源，探索两者通过心理授权这一工作动机实现对高工作要求的主动性行为的作用机制与边界条件。

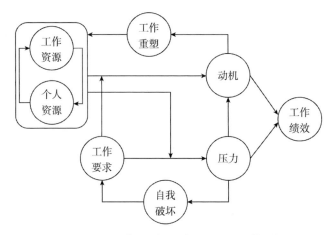

图 5.1 工作要求—资源(JD-R)模型

二、徒弟主动性人格特质对主动性行为的直接效应

主动性行为是指个体为实现环境改善或绩效提升目的而实施的自发的、有预见性的工作行为(胡青等，2011)。主动性行为的实施，不仅要求个体具有前瞻性，而且要能通过综合评价工作场所情景要素并持之以恒地采取行动直至解决问题、达成目标(Frese 和 Fay，2001)。主动性行为的实施是一项具有较高工作要求的职场行为，其需要个体聚集大量资源以应对难以预知的风险、危机及不确定性。

主动性人格特质作为一种稳定性行为倾向(Bateman 和 Crant，1993)，是指个体不受制于环境限制而自主发起、主动寻求新途径、新方法和新思路的潜在倾向(蔡地等，2020；Thomas 等，2010)。基于 JD-R 理论，类似于乐观主义或自我效能等构念，主动性人格特质可以作为一种个体资源(Hobfoll 等，2003)，其不仅可以帮助个体缓解工作压力、应对角色冲突，还会增强个体克服困难、达成目标的信心和意愿(Sun 和 van Emmerik，2015)。与之相对的是，当不具备主动性人格特质或具备较低程度的主动性人格特质时，个体会因困难、挫折而不敢对职场现状发起挑战、实施变革，而是被动地适应或忍受(Seibert、Kraimer 和 Crant，2001)。

徒弟的主动性人格特质与主动性行为的关联机制已得到广泛探索。有研究发现，主动性人格特质能显著提升创新行为(张振刚和余传鹏，

2016)、组织公民行为(谢俊和严鸣,2016)、主动担责行为(黄勇和余江龙,2019)、建言行为(卿涛和刘崇瑞,2014)和利他行为(刘伟国和施俊琦,2015)。这些行为皆非角色职责所规定必须实施的行为,而是由个体自主发起、利组织的积极行为(Tornau 和 Frese,2013),属于主动性行为范畴。主动性人格特质个体通常为达成自身目标而无惧超额的工作压力与负荷,即便这种坚持会造成与他人的冲突,依旧会坚持实施类似的主动性行为。鉴于此,提出如下假设。

假设 5-1:徒弟主动性人格特质正向影响其主动性行为。

三、徒弟心理授权的中介效应

心理授权(psychological empowerment)是指个体在工作中体验到动机增强的心理与认知状态综合体(陈永霞等,2006),包含自我效能(self-efficacy)、影响力(impact)、工作意义(meaning)和工作自主性(self-determination)4 个维度(Spreitzer,1995)。自我效能是指个体相信自身能够胜任且顺利完成工作的认知信念;影响力是个体认为自身工作、能力、角色等对组织战略、管理或工作结果产生的影响程度;工作意义是个体以自身标准看到工作对自己、他人和组织的价值大小;工作自主性是指个体对工作方式、流程、决策的控制程度。

对于徒弟而言,高主动性人格特质与心理授权之间具有以下关联机制。首先,当徒弟具备较高主动性人格特质时,会为达成工作目标和符合工作要求而自发学习和提高自身知识、技术和能力,增强个体对自身工作胜任的认知与信念(洪如玲和于强,2017)。其次,高主动性人格特质的个体通常具有较高的政治技能(杨文圣等,2019),能够更高效地与领导、同事建立更亲密的联结与关系,从而增强自身的影响力(Chen 等,2013)。再次,具备高水平主动性人格特质的徒弟在应对工作负荷、角色冲突或时间压力时具有更强的主动性,能够自发地梳理工作职责、角色范畴和任务分配等,有助于提高角色的清晰度和个人—工作匹配的体验(沈雪萍和顾雪英,2018),能够帮助个体产生对工作更高的使命感。最后,主动性人格特质较高的徒弟通常无惧规则限制(Deci 和 Ryan,2000),聚焦于目标达成和完成工作(Fuller 和 Marler,2009)。为此,徒弟会呈现出更高的灵活性与原创性，开展工作方法与流程创新及工作重塑，从而具有更强的工作自主性(徐长江和陈实，2018)。

　　另外，徒弟的心理授权有助于其实施主动性行为，具体机制如下。首先，有较强自我效能感的徒弟因相信自身能够胜任所发起的挑战、认为自身善于将想法和观点付诸实践，故而会无惧困难、更有勇气实施主动性行为。与之相对的是，自我效能感较弱的徒弟则因对自身能力的不信任而不敢尝试自发的、创见性的主动性行为。其次，当徒弟认为自身所从事的行为具有较强的影响力、能够改变组织的战略、管理及相关工作并为他人带来福祉与效益时，会有更大的意愿开展和从事主动性行为。与之相对的是，当个体认为所从事行为对组织的影响较小时，主动性行为的实施显得无足轻重，从事主动性行为的意愿也更低。再次，工作意义较强的个体意味着个体能够认识到所实施的工作行为对自身、他人和组织的价值所在，进而会增强其实施主动性行为的倾向。与之相对的是，当意识到主动性行为的意义较小时，个体实施该行为的意愿也就大幅降低。最后，自主性就意味着员工为更好地实现工作目标和提高工作效率而对工作方式、工作流程等创新与重塑，即主动性行为的实施。相对地，当个体的自主性较低时，倾向于循规蹈矩、墨守成规，被动地接受组织的安排与角色规范，故而较少地开展主动性行为。

　　已有研究证实了心理授权在主动性人格特质与各种类型的主动性行为之间的中介机制。如袁庆宏和王双龙(2010)证实了心理授权在主动性人格特质与个体创新行为之间的中介效应。鉴于此，本书提出如下假设。

　　假设 5-2：徒弟主动性人格特质通过提升心理授权实现对主动性行为的实施。

四、师傅主动性人格特质的调节效应

　　基于特质激活理论，个体人格特质的行为化和外显化，有赖于环境中存在特质激活要素。换言之，虽然主动性人格特质意味着个体具有更高的可能性实施主动性行为，但该行为是否被实施仍取决于外部环境对该行为的诱发或阻碍。因此，本章认为，师傅主动性人格特质能够调节徒弟主动性人格特质与主动性行为的中介机制。

高主动性人格特质的师傅倾向于为徒弟提供更高水平的技能指导和晋升支持等职业指导、情感关怀和心理支持等心理疏导，以及关乎组织价值观与企业文化相关的角色榜样。这些师傅指导行为能够帮助主动性人格特质的徒弟构建更强的自我效能、更深刻地理解行为对组织的影响和价值，以及获得更高水平的工作自主性，继而更有能力、有意愿去实施主动性行为。与之相对，诚如第四章所述，低主动性人格特质的师傅在不主动提供指导行为的同时，甚至将这种行为视为"骚扰"(崔琦和何燕珍，2019)并实施"惩罚"行为。这种行为会弱化徒弟主动性人格特质对心理授权、主动性行为的积极效应。因此，本书提出如下假设。

假设 5-3：师傅主动性人格特质会正向调节徒弟主动性人格特质与主动性行为的中介机制。即，师徒主动性人格特质的交互效应以徒弟心理授权为中介，影响徒弟职业呼唤。当师傅具有高主动性人格特质时，徒弟的高主动性人格特质会呈现更高水平的心理授权，进而对徒弟主动性行为的正向影响更为显著。

基于以上假设，本研究的概念模型如图 5.2 所示。

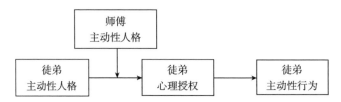

图 5.2　师徒主动性人格特质对徒弟主动性行为的有调节的中介模型

第三节　变量测量与信效度检验

一、变量测量与信度检验

(1) 主动性人格特质与第四章采用同一量表，在本章数据中该量表就师傅和徒弟的 Cronbach's α 系数分别为 0.89 和 0.84。

（2）心理授权采用李超平等(2006)修订的 Spreitzer(1995)心理授权量表，其包括意义感、自主性、自我效能和影响力 4 个维度、12 个题项。示例包括"我所做的工作对我来说非常有意义""我自己可以决定如何来着手做我的工作""我掌握了完成工作所需要的各项技能""我对发生在本部门的事情的影响很大"等。Cronbach's α 系数为 0.96。

（3）主动性行为采用 Frese 等(1997)的 7 题项量表，如"我会主动地去解决问题"等。Cronbach's α 系数为 0.91。

（4）控制变量。参考以往的研究，分别选取年龄、性别、学历水平等人口统计学变量作为控制变量。

二、共同方法变异检验

为检验同源误差，采用 Harman 单因子分析方法(Podsakoff 等,2003)开展因子分析。结果显示，首因子解释变异量为 22.19%，总方差解释量为 70.65%。首因子解释变异量未占总变异量的一半，表明本章所涉及数据的同源误差在可接受范围内，不会对分析结果产生较大影响。

三、区分效度检验

采用验证性因子分析检验变量间区分效度，结果如表 5.1 所示。相较于其他模型，四因子模型拟合优度最佳，本章核心变量间具有良好的区分效度。

表 5.1　竞争模型的验证性因子分析

模型	χ^2	df	χ^2/df	CFI	TLI	RMSEA	SRMR
四因子模型 (MPP、PPP、PPE、PPB)	818.49	553	1.48	0.91	0.90	0.06	0.06
三因子模型 (MPP、PPP+PPE、PPB)	1 297.41	556	2.33	0.90	0.89	0.09	0.10
二因子模型 (MPP+PPP+PPE、PPB)	1 739.68	558	3.12	0.85	0.82	0.11	0.11
单因子模型 (MPP+PPP+PPE+PPB)	2 297.54	559	4.11	0.69	0.66	0.14	0.14

注：MPP 为师傅主动性人格特质，PPP 为徒弟主动性人格特质，PPE 为徒弟心理授权，PPB 为徒弟主动性人格特质。

第四节　数据分析与实证结果

一、描述性统计与相关分析

从表 5.2 可以看出，徒弟主动性人格特质与其主动性行为存在显著正相关关系($r = 0.57$，$p<0.01$)，与其心理授权存在显著正相关关系($r = 0.56$，$p<0.01$)，徒弟心理授权与其主动性行为存在显著正相关关系($r = 0.59$，$p<0.01$)。该结果为本书概念模型和相关假设提供了初步支持。

表 5.2　研究变量的描述性分析与相关系数

变量	P-gen	P-age	P-edu	P-ten	P-mar	MPP	PPP	PPE	PPB
P-gen	—								
P-age	0.06	—							
P-edu	0.08	−0.01	—						
P-ten	−0.05	0.54**	−0.38**	—					
P-mar	−0.06	−0.43**	0.17*	−0.57**	—				
TPP	−0.14	−0.10	0.05	−0.10	0.06	—			
SPP	−0.20**	−0.05	0.17*	−0.03	−0.01	0.08	—		
SPE	−0.03	0.01	0.09	0.00	−0.03	0.11	0.56**	—	
SPB	−0.05	−0.03	0.15*	0.01	−0.02	0.05	0.57**	0.59**	—
Mean	1.48	1.80	3.11	2.59	1.61	2.97	3.33	3.12	3.34
SD	0.50	0.58	1.05	0.89	0.50	0.56	0.44	0.62	0.64

注：P-gen、P-age、P-edu、P-ten、P-mar 分别表示徒弟的性别、年龄、受教育程度、工作年限和婚姻状况；MPP 为师傅主动性人格特质，PPP 为徒弟主动性人格特质，PPE 为徒弟心理授权，PPB 为徒弟主动性人格特质，*表示 $p < 0.05$，**表示 $p <0.01$。

二、假设检验与结果分析

1) 总效应检验

回归分析结果如表 5.3 所示。徒弟主动性人格特质对其主动性行为的预测作用显著($\beta = 0.82$，$t = 9.19^{***}$)，假设 5-1 得到支持。

2）中介效应检验

当放入徒弟心理授权这一中介变量后，徒弟主动性人格特质对其主动性行为的直接预测作用依然显著($\beta = 0.49$，$t = 4.99^{***}$)，徒弟心理授权对其主动性行为的预测作用也显著($\beta = 0.41$，$t = 5.98^{***}$)。与该结果一致，运用 Bootstrap 方法检验徒弟主动性人格特质对其主动性行为影响的直接效应及心理授权的中介效应，各效应在 95% 的置信水平下置信区间均不包含 0（如表 5.4 所示），表明徒弟主动性人格特质能够直接预测其主动性行为，而且能够通过心理授权的中介作用预测其主动性行为。该直接效应(0.49)和中介效应(0.33)分别占总效应(0.82)的 60.07%、39.93%。故验证假设 5-2，且心理授权在这一中介机制中具有部分中介效应。

表 5.3　回归分析表

自变量	因变量	R	R^2	F(df)	β	t
PPP	PPB	0.57	0.33	15.89(6)	0.82	9.19^{***}
	PPE	0.56	0.32	15.03(6)	0.80	9.30^{***}
	PPB	0.66	0.43	21.16(7)	0.49	4.99^{***}

注：MPP 为师傅主动性人格特质，PPP 为徒弟主动性人格特质，PPE 为徒弟心理授权，PPB 为徒弟主动性人格特质，*表示 $p<0.05$，**表示 $p<0.01$，***表示 $p<0.001$。

表 5.4　总效应、直接效应、中介效应置信区间表

	效应值	Boot.标准误	Boot.CI 下限	Boot.CI 上限	效应占比
总效应	0.82	0.09	0.65	0.79	100%
直接效应	0.49	0.10	0.30	0.49	60.07%
中介效应	0.33	0.07	0.19	0.46	39.93%

3）有调节的中介效应检验

如表 5.5 所示，将师傅主动性人格特质放入模型后，徒弟主动性人格特质与师傅主动性人格特质的乘积项对徒弟心理授权的预测作用显著($\beta = 0.35$，$t = 2.34^*$)，说明师傅主动性人格特质能够调节徒弟主动性人格特质对其心理授权的预测作用。为更好地展示师傅主动性人格特质的调节作用，采用 Aiken 和 West(1991)方法绘制出图 5.3。由图 5.3 可知，师徒主动性人格特质调节正向调节徒弟主动性人格特质与心理授权之

间的关系，即当师傅是高主动性人格特质时，高主动性人格特质的徒弟的心理授权感知更强。故而，验证了师傅高主动性人格特质的调节效应，假设 5-3 得以初步验证。

表 5.5　有调节的中介模型检验

因变量	自变量	R	R²	F(df)	β	t
PPE	PPP	0.58	0.34	12.50(8)	0.76	8.86***
	MPP				0.10	1.48
	PPP×MPP				0.35	2.34*

注：MPP 为师傅主动性人格特质，PPP 为徒弟主动性人格特质，PPE 为徒弟心理授权，PPB 为徒弟主动性人格特质，*表示 $p<0.05$，**表示 $p<0.01$，***表示 $p<0.001$。

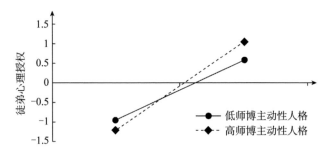

图 5.3　师傅主动性人格特质的调节效应

根据 Edwards 等(2007)方法，采用 Bootstrap 方法分析当师傅的主动性人格特质处于不同水平时，徒弟心理授权在徒弟主动性人格特质和主动性行为之间的中介效应，结果如表 5.6 所示。由表 5.6 可知，在师傅低主动性人格特质的情况下，徒弟主动性人格特质通过自身心理授权对徒弟主动性行为的影响显著(其置信区间为 0.07 至 0.35，不包含 0)。在师傅高主动性人格特质水平下，此效应依旧显著(其置信区间为 0.23 至 0.68，不包含 0)，且效应值增强(由 0.20 变为 0.46)。故假设 5-3 得以验证。

表 5.6　师傅主动性人格特质不同水平上的中介效应

师傅主动性人格特质	效应值	Boot.标准误	Boot.CI 下限	Boot.CI 上限
$-0.56(M-1SD)$	0.20	0.07	0.07	0.35
$0(M)$	0.32	0.06	0.19	0.44
$0.56(M+1SD)$	0.46	0.11	0.23	0.68

本章小结

综上所述，本章验证了师徒双方的主动性人格特质对徒弟的主动性行为的作用机制(具体假设汇总如表 5.7 所示)，并构建了一个有调节的中介模型。通过本章研究发现，具有高主动性人格特质的徒弟会呈现出更高水平的主动性行为(假设 5-1)。具有高主动性人格特质的徒弟具备更高水平的心理授权(包括自我效能、影响力、工作意义及工作自主性)，进而增强了其实施主动性行为的意愿和能力(假设 5-2)。在这一中介机制中，师傅主动性人格特质具有正向调节效应(假设 5-3)：即当师傅具有高主动性人格特质时，徒弟主动性人格特质的增加会显著增强心理授权水平，进而提升徒弟主动性行为；但是，当师傅主动性人格特质较低时，徒弟主动性人格对主动性行为的正向中介机制被弱化。

表 5.7　本章研究假设汇总

研究假设	验证
假设 5-1：徒弟主动性人格特质正向影响其主动性行为	支持
假设 5-2：徒弟主动性人格特质通过提升心理授权实现对主动性行为的实施	支持
假设 5-3：师傅主动性人格特质会正向调节徒弟主动性人格特质与主动性行为的中介机制。即，师徒主动性人格特质的交互效应以徒弟心理授权为中介，影响徒弟职业呼唤。当师傅具有高主动性人格特质时，徒弟的高主动性人格特质会呈现更高水平的心理授权，进而对徒弟主动性行为的正向影响更加显著	支持

第六章　师傅谦逊与徒弟上谏：
链式中介模型

第一节　研究问题提出

在中国情境下，谦逊人格特质历来备受推崇，其在现代职场的有效性问题引起了学者的广泛讨论(刘美玉和王季，2020)。已有研究证实了谦逊人格特质对组织认同(袁凌等，2016)、离职倾向(Li 等，2016；Owens 等，2013)、沉默行为(徐小凤和高日光，2016)和效能感(Nielsen 等，2010)等方面有积极效应。但有部分学者认为，谦逊人格特质存在"虚伪"的可能，从而消极影响员工职场地位感知、诱发职场偏差行为，严重时甚至会阻碍企业发展(曹元坤等，2021)。

在新型学徒制场景下，谦逊人格特质对企业学徒制项目的有效性具有什么样的影响？其内在机制是什么？为探索这些问题，本章以徒弟上谏行为作为衡量企业学徒制项目有效性的行为指标。员工上谏行为(employee upward behavior)被视为 VUCA 时代组织创新与柔性的微观层面员工基础(Hermawan，2020)，指员工面对组织工作中的不足与问题向直线管理者等上级表达观点或陈述建议的主动性创新行为，属于指向明确的员工建言行为(voice behavior)。作为一种利组织但高人际风险的主动性行为，徒弟向师傅开展上谏行为的前提是师徒双方存在和谐的关系，能在一定程度上反映企业新型学徒制项目的有效性(栾贞增和张晓东，2021)。

鉴于此，本章基于社会认知理论，构建并检验师傅谦逊人格特质对徒弟上谏行为的效能唤醒机制。对以上内容的明晰具有以下意义。

（1）有别于以往聚焦社会交换、社会关系等谦逊人格特质视角，本章基于社会认知视角探索徒弟上谏行为的认知唤醒机制，有助于丰富谦逊人格特质有效性的理论研究。

（2）引入职业呼唤与建言效能感有助于识别上谏行为的效能唤醒机制中由浅层身心状态向深层认知状态的深化机制，在丰富员工上谏行为前因研究的同时，也为中国制造业企业开展学徒制项目与创新管理提供实践参考。

第二节　假设提出与模型构建

一、理论基础：社会认知理论

社会认知理论(social cognitive theory)是关于人类功能的心理学观点，其核心理念在于强调社会环境对个体动机、学习和自我调节等方面的重要价值(Bandura，2011)。社会认知理论最初关注"社会学习过程(social learning process)"，强调期望值(expectancy)和价值强化(reinforcement value)等因素对个体行为和学习产出的影响效应(Rotter，1982)。Bandura(2011)进一步指出观察(替代)学习(observational/vicarious learning)的重要性，指出个体进行观察学习时必须关注特定模型及该模型的行为模式，有能力且有意愿模仿该模型行为的发生机制，核心构念包括模型感知能力(perceived model competence)、模型地位(model status)和感知模型相似性(perceived similarity to the model)等认知信念。这些认知信念的形成与发展，来源于个体与社会的互动过程。

随着研究的推进，学者们进一步明晰了社会认知理论中的两个重要构念：自我效能感(self-efficacy)和行为、环境与个体的三元互惠交互(triadic reciprocality、reciprocal interactions)机制。前者强调一种个体的能动性(agency)，指出个体认为自身可以通过认知与自我调整(如目标设定等)实现对生命中关键事件的影响。后者强调个体行为的实施来源于个体特质与环境特征之间的交换影响，并最终会对个体特质和环境特征产生影响，形成一种动态调整。

在三元互惠交互的动态视角下，社会环境在为个体行为学习提供社会支持(如学习模型、学习机会等)之外，还通过影响认知状态(如自我效能感等)实现对个体行为的重塑(Bandura，1986)。这一行为重塑过程并非一蹴而就，而是一种由浅入深层次递进的过程：个体首先感知到外部刺激而触发浅层身心体验，持续积累至质变后引发对深层认知状态的唤醒，进而提升个体实施特定行为的概率(Dolan，2002)。

基于社会认知理论，本章立足于企业学徒制场景中，将组织委派的师傅作为新入职员工(即徒弟)工作场所中重要的情景要素(Orpen，1997)，认为具有较强谦逊人格特质的师傅能在与徒弟互动的过程中及时指出徒弟的优缺点并践行职业规范与价值导向，从而形成榜样效应(罗文豪和陈佳颖，2020)。受到师傅谦逊人格特质的影响，徒弟能更好地适应职场环境、缓解职场压力，从身心层面上更能体验到对职业、工作与岗位的喜爱(即职业呼唤的形成)，随着身心喜爱的积累至质变而得以在认知层面上形成对自身能力匹配工作的自信感与建言效能感，从而能够无惧潜在风险而实施上谏行为。基于上述思路，本章构建了一个师傅谦逊人格特质对徒弟上谏行为产生影响的链式中介模型(如图 6.1 所示)用以描述师傅谦逊人格特质对徒弟上谏行为的效能唤醒机制，探索了师傅谦逊人格特质对徒弟上谏行为的作用效果与内在传导路径。

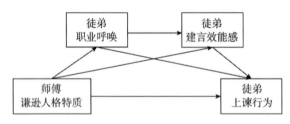

图 6.1　师傅谦逊对徒弟上谏的链式中介模型

二、师傅谦逊对徒弟上谏的直接效应

"上善若水""圣人后其身而身先，外其身而身存"均体现了中国传统文化将谦逊人格特质作为丰富且多维的传统美德而备受推崇(Tangney，2000)。有研究发现，谦逊人格特质可以激活员工潜能、拓展组织信息源，有助于组织更快、更好地回应动荡的外部环境(Morris 等，2005)。Owens 和 Hekman(2012)指出谦逊人格特质包含客观认识自身、欣赏他人价值、观点开放性 3 个维度。其中，客观认识自身指个体客观、充分且精准地认识、评价自身的能力与优势；欣赏他人价值指个体在人际互动过程中能由衷地赞美并欣赏他人的成就；观点开放性指对他人观点的接收与反馈持开放态度，敢于认同并回应优质的意见与观点。如前所述，本书将师傅谦逊人格特质界定为，在企业学徒制项目中承担师傅角色的个体在徒弟指导过程中表现出客观认识自身、欣赏他人价值及观点开放性的稳定倾向。

上谏行为是一种强调建言指向性的特殊建言行为，可以指向管理者、领导者等地位、职权高于行为发出者的对象，也因权力不对等而较其他类型建言行为具有更高的人际与绩效风险(Liu 等，2017)。在企业学徒制背景下，师傅类似于领导者或管理者，在地位和职权上要优于徒弟，一方面在知识、经历和资历上在组织内部具有更高声誉，另一方面也能在一定程度上决定徒弟的工作内容、方式与流程等(陈诚等，2011)。因此，向师傅实施建言行为的徒弟存在着与向领导上谏的类似潜在风险，在行为实施前也需要综合考量上谏行为可能存在的风险与可能带来的收益(段锦云等，2016；毛江华等，2017；许龙等，2016)。鉴于此，本章界定徒弟上谏行为是在企业学徒制背景下，徒弟因发现组织的不足与工作无效而向承担师傅角色的个体提出建设性意见、观点和想法的主动性、利组织的创新行为。

基于社会认知理论，师傅的谦逊人格特质作为徒弟职业发展和工作绩效的重要社会资源，对徒弟上谏行为的影响具有以下机制。首先，对徒弟而言，具备谦逊人格特质的师傅会更为客观地评价自我，更敢于坦率地承认自身的不足与错误。这一行为会被徒弟视为与师傅关系亲近、相互信任的信号，从而降低徒弟感知到的权力差异，有助于弱化徒弟的风险感知而提升徒弟上谏行为的可能性。其次，相较于其他存在抑制徒弟上谏行为的自恋型师傅、权威型师傅等刚性领导风格(景保峰，2015)，具有谦逊人格特质的师傅会更倾向于欣赏与鼓励徒弟的行为与贡献，对他人观点与看法秉持"广纳万物"倾向，能确保徒弟形成以下认知：即便上谏行为存在不足与漏洞，师傅也不会实施批评与惩罚，而是鼓励自己不断试错直至获取成功(Owens 和 Hekman，2012)。这一信念的形成，能够激发徒弟的上谏动机与自信心，从而促使其实施上谏行为(朱健和李颖凤，2018)。最后，具有谦逊人格特质的师傅会更倾向于认真尽责地履行个人职责，将知识、工作技能、信心和理想向资历较浅的徒弟传授(杨芳等，2021)，这样既有助于徒弟适应组织文化，又可以推动徒弟的能力提升与行为改造。在社会交换理论视角下，徒弟为更好地回报师傅的指导与帮助，也会付出额外的努力，积极参与改善组织的上谏行为是其重要表现之一。因此，无论是通过促进徒弟回馈师傅信任，还是帮助徒弟形成推动组织变革的意愿，师傅的谦逊人格特质都能够正向诱发徒弟上谏行为的实施。故，提出如下假设。

假设 6-1：师傅谦逊人格特质对徒弟上谏行为具有正向影响。

三、徒弟职业呼唤的中介作用

如第四章所述，职业呼唤(career calling)是指个体倾听并回应内心的声音而对所从事的工作与职业产生高认同感、意义感与使命感等的身心状态(田喜洲和左晓燕，2014)。有研究发现，具有较高职业呼唤的个体，往往会呈现出更佳的工作态度和更高水平的工作满意度，随之影响诸如人岗匹配、组织认同等深层心理认知的提升(Elangovan 等，2010)。因此，本章将徒弟职业呼唤界定为徒弟在工作过程中产生的对工作职业的喜爱、认同等身心体验状态(周霞和李铁城，2018)。

作为一种社会支持资源，师傅所具备的谦逊人格特质有助于构建徒弟的职业呼唤，其具体机制如下。首先，具有谦逊人格特质的师傅对自身工作具有更客观清晰的认识，也能更好地反思工作实践中的优缺点(梁彦清和刘伟鹏，2021)。这种清晰的自我认知和习惯性的自我反思有助于师傅通过职业指导帮助徒弟形成对工作更深刻、更真实的认知，能够促进徒弟更为清晰地识别工作价值并增强其工作认同感。其次，具有谦逊人格特质的师傅更乐于倾听和了解徒弟对工作的看法、意见和观点并给予反馈，让徒弟更充分地参与到工作决策的制定中，有助于提高徒弟对工作自主性的感知(雷星晖等，2015)。最后，善于欣赏他人优点、价值与贡献的具有谦逊人格特质的师傅，在指导徒弟处理工作难题、应对工作压力时，不仅能够提供知识援助和职业解惑，更重要的是能从中识别并认可徒弟在工作中的优点等，这些正向积极反馈能够让徒弟在工作中感受更为积极(毛江华等，2017)。因此，师傅所提供的能力、职业和心理等指导行为能够帮助徒弟在工作中体验到更高水平的认同感、自主感、意义感和积极反馈等，从而帮助徒弟构建更高水平的职业呼唤(史珈铭等，2018)。

徒弟职业呼唤的提升能进一步激发实施上谏行为的可能性，原因如下：首先，具备高水平职业呼唤的徒弟意味着在工作时能感受到更强的使命感和意义感，从而让徒弟在发现工作不足时更有可能实施改善行为，更积极地参与到组织改善的过程中并给予相关者恰当的建议；其次，当面临上谏的潜在风险与压力时，高职业呼唤的个体所拥有的对工作岗位的认同感、自主感能够确保其对个人及工作拥有更清晰的认识，从而拥有更强的效能感和义务感以应对压力并实施上谏行为；最后，形成了职业呼唤的个体具有更高的安全感、自我实现感，面对上谏行为潜在的人际风险和职场压力时往往将其归类为挑战性的工作要求而更为积极地应对。

综上所述，师傅谦逊人格特质有助于徒弟构建职业呼唤，进而促进其实施上谏行为。故，提出如下假设。

假设 6-2：徒弟职业呼唤在师傅谦逊与徒弟上谏之间起到中介作用。

四、徒弟建言效能感的中介作用

社会认知理论将效能感视为个体行为实施的最近端必备要素(Bandura，1986)，是指个体认为自身胜任特定行为的认知状态，受到个体亲历经验、身心状态(情绪唤醒)、替代学习和言语劝导等影响而改变(Duan 和 Wei，2012)。作为一种特殊类型的效能感，建言效能感(voice efficacy)是指个体对建言角色胜任感知与建言效果良好期待的深层认知信念(Kish-Gephart 等，2009)。以往的研究发现了不同的领导风格(如伦理型、服务型等)对下属建言效能感的提升有正向影响(段锦云等，2017；王永跃等，2017)。

具有谦逊人格特质的师傅可以从亲身经历、身心状态和言语劝导 3 个方面影响徒弟建言效能感的形成。首先，具有谦逊人格特质的师傅对观点的开放性意味着更容易接受徒弟所提的建议和观点，这种对建言行为的接纳与认可有助于徒弟积累成功经验而提升建言效能感(Ou 等，2014)。其次，具有谦逊人格特质的师傅对自我表现和他人结果的客观评价，有助于消除徒弟对实施上谏行为存在潜在风险的顾虑，形成"即使上谏产生了不良后果，师傅也会包容鼓励"这一信念认知，能够在一定程度上满足徒弟对上谏行为的安全感知，进而促进建言效能感的提升。最后，具有谦逊人格特质的师傅对徒弟的认同与欣赏，更有助于强化徒弟胜任建言角色的信念(Owens 和 Hekman，2012)。

建言效能感的提升对徒弟建言行为有正向影响，尤其是上谏行为更为明显。根据社会认知理论，徒弟在实施上谏行为前会对周遭因素进行认知评估(王永跃和段锦云，2015)，从而形成对上谏行为可能存在的风险特点、人际冲突等因素的判断与评价。换言之，徒弟实施上谏行为前会综合考虑所面临的难题，如上谏能否得到回应、是否有能力实施该行为、领导对上谏行为的态度与看法等(朱健和李颖凤，2018)。具有较高建言效能感的徒弟认为自己有能力针对组织现有的问题提出看法并付诸实践，与此同时，这些个体也认为其所提建议具有较高的概率被采纳。这些上谏行为的能力和意愿认知，在很大程度上促进了徒弟上谏行为的产生。反之，建言效能感较低的徒弟不仅缺乏开展上谏行为的信心，而且也不具备开展上谏行为的意愿，导致徒弟排斥为组织提建议，更不敢或不愿实施上谏行为。Duan 和 Wei(2012)亦发现了建言效能感对员工建言行为的正向积极影响。故，提出如下假设。

假设 6-3：徒弟建言效能感在师傅谦逊与徒弟上谏之间起到中介作用。

五、链式中介效应

为检验师傅谦逊人格特质对徒弟上谏行为的内在作用机制，本章进一步将职业呼唤视为一种身心状态、将建言效能感视为认知状态，探索由浅层身心状态向深层认知状态过渡的效能唤醒机制。职业呼唤的产生意味着个体对职业本身产生认同与喜爱，从而进一步影响其关于自身对职业胜任的认知及后续行为。建言效能感强调个人在实施建言行为前对自身能力、观点的被接受程度的认知状态，其往往会因对职业的认可、喜爱等积极身心状态的增强而增强(段锦云等，2016)。因此，徒弟上谏行为的实施是一种受外界刺激感知而"由浅入深"逐步唤醒的作用机制，即职业呼唤这一浅层身心状态充当唤醒条件进一步刺激深层认知状态的建言效能感(如图 6.2 所示)。具体而言，为破解师傅谦逊人格特质与徒弟上谏行为的"黑箱"机制，师傅谦逊人格特质作为这一唤醒机制的外部环境刺激源，先引导徒弟浅层身心状态的职业呼唤产生，当呼唤水平达到一定程度后，进而唤醒个体深层认知状态的建言效能感，进而实现徒弟上谏行为的触发。故，本章提出如下假设。

假设 6-4：师傅谦逊人格特质对徒弟上谏行为的影响是先通过徒弟职业呼唤后影响徒弟建言效能感这一链式中介机制实现的。

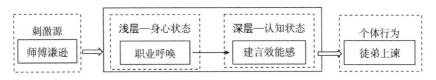

图 6.2　师傅谦逊人格特质对徒弟上谏行为的效能唤醒机制

第三节　变量测量与信效度检验

一、变量测量与信度检验

(1) 师傅谦逊人格特质采用 Owens 等(2013)开发的包括自我认知正确、他人优势欣赏和可教性 3 个维度的 9 题项量表，如"师傅总是积极寻求反馈，即便反馈是负面的""师傅经常赞扬别人的长处"和"师傅愿意接受他人的建议"等。在本章数据中，该量表 Cronbach's α 为 0.91。

(2) 徒弟上谏行为采用 Liu 等(2017)开发的 3 题项量表，如"我会针对工作相关问题给我提供建设性意见""我会指出我们工作中存在的一些问题"等。该量表的 Cronbach's α 为 0.73。

(3) 徒弟职业呼唤采用 Dobrow 和 Tosti-Kharas(2011)开发的单维度、12 题项量表，如"我享受做我的工作胜过其他任何事情""为了我的职业，我会不惜一切代价"等。Cronbach's α 系数为 0.95。

(4) 徒弟建言效能感采用 Duan 和 Wei(2012)开发的 7 题项量表，如"我能抓住机会向管理者提出意见""我的看法能够获得领导的关注"等。Cronbach's α 系数为 0.90。

(5) 控制变量。参考以往的研究，选取年龄、性别、学历水平等人口统计学变量作为控制变量。

二、共同方法变异检验

根据 Podsakoff 等(2003)的建议，采用 Harman 单因子检验法检验共同方法偏差。将所有变量放在一起进行因子分析，结果显示首个因子解释变异量为 33.07%，因子总方差解释量为 68.81%，首个因子解释变异量未占总变异量的一半。因此可以判定不存在明显的共同方法偏差。

三、区分效度检验

为检验区分效度，对本章 4 个核心构念(师傅谦逊人格特质、徒弟职业呼唤、徒弟建言效能感和徒弟上谏)进行验证性因子分析，其结果如表 6.1 所示。相比其他因子模型，四因子模型的拟合度最佳，且各指标均达到合格模型的基本要求(χ^2/df =1.79，CFI =0.96，TLI = 0.96，RMSEA = 0.05，SRMR = 0.04)。因此，四因子模型与本章数据的拟合度更高，表明测量各变量的量表有较好的区分效度(芦慧等，2021)。

表 6.1　验证性因子分析

模型	χ^2	df	χ^2/df	CFI	TLI	RMSEA	SRMR
四因子模型 (QX，CC，VE，UV)	401.79	224	1.79	0.96	0.96	0.05	0.04

（续表）

模型	χ^2	df	χ^2/df	CFI	TLI	RMSEA	SRMR
三因子模型 (QX，CC+VE，UV)	727.77	227	3.21	0.89	0.88	0.09	0.06
三因子模型 (QX+CC，VE，UV)	1 057.95	227	4.66	0.81	0.79	0.11	0.08
二因子模型 (QX+UV，CC+VE)	1 095.32	229	4.78	0.81	0.79	0.11	0.10
单因子模型 (QX+CC+VE+UV)	1 637.19	230	7.12	0.69	0.65	0.14	0.10

注：QX 为师傅谦逊人格特质，CC 为徒弟职业呼唤，VE 为徒弟建言效能感，UV 为徒弟上谏。

第四节　数据分析与实证结果

一、描述性统计与相关分析

本章各核心变量的均值、标准差及变量间相关系数如表 6.2 所示。由表 6.2 可知，各变量相关系数显著且均处于 0.40~0.70 之间，其中师傅谦逊人格特质与徒弟的职业呼唤($r = 0.54$，$p<0.01$)、建言效能($r = 0.48$，$p<0.01$)、上谏行为($r = 0.41$，$p<0.01$)均存在显著正相关关系；徒弟的职业呼唤与建言效能感($r = 0.65$，$p<0.01$)、上谏行为($r = 0.45$，$p<0.01$)均存在显著正相关关系，建言效能感与徒弟上谏($r = 0.56$，$p<0.01$)呈显著正相关关系。

表 6.2　描述统计与相关分析

变量	P-gen	P-age	P-mar	P-edu	QX	CC	VE	UV
P-gen	—							
P-age	0.10	—						
P-mar	−0.03	−0.54**	—					

（续表）

变量	P-gen	P-age	P-mar	P-edu	QX	CC	VE	UV
P-edu	−0.11	−0.32**	0.33**	—				
QX	0.00	−0.12*	0.06	−0.02	—			
CC	−0.10	−0.05	0.10	0.10	0.54**	—		
VE	−0.14*	−0.07	0.14*	0.11	0.48**	0.65**	—	
UV	−0.02	−0.03	0.07	0.05	0.41**	0.45**	0.56**	—
Mean	1.33	2.66	1.30	2.17	4.12	3.77	3.73	3.94
SD	0.44	0.80	0.43	0.81	0.68	0.74	0.70	0.75

注：QX 为师傅谦逊，CC 为职业呼唤，VE 为建言效能感，UV 为徒弟上谏，P-gen 为徒弟的性别，P-age 为徒弟的年龄，P-mar 为徒弟的婚姻状况，P-edu 为徒弟的受教育程度；*表示 $p<0.05$，**表示 $p<0.01$。

二、假设检验与结果分析

1）直接效应检验

运用层次回归方法测验师傅谦逊人格特质对徒弟上谏行为的直接效应，分析结果如表 6.3 所示。在表 6.3 中，模型 1 与模型 2 的预测变量分别为职业呼唤与建言效能感，模型 3 至模型 7 的预测变量为徒弟上谏。由模型 3 可知，在控制徒弟人口统计学相关变量后，师傅谦逊与徒弟上谏呈显著正相关关系（$\beta = 0.46$，$p<0.001$），假设 6-1 得以验证。

2）中介效应检验

参考 Baron 和 Kenny(1986)方法，首先，对职业呼唤的中介效应进行检测。由表 6.3 中的模型 1 与模型 4 可知，师傅谦逊(QX)与徒弟职业呼唤(CC)呈正相关关系（$\beta = 0.59$，$p<0.001$），徒弟职业呼唤(CC)对于徒弟上谏行为(UV)显著正向促进（$\beta = 0.46$，$p<0.001$）。模型 5 显示，加入职业呼唤后师傅谦逊到徒弟上谏的效应值减弱（$\beta = 0.27$，$p<0.001$），中介效应显著（$\beta = 0.32$，$p<0.001$），此时，职业呼唤在师傅谦逊与徒弟上谏影响机制中具有部分中介作用，假设 6-2 得到验证。

其次，对建言效能感的中介效应进行检测。由表 6.3 中的模型 2 与模型 6 可知，师傅谦逊人格特质与徒弟建言效能感存在显著正相关关系（$\beta = 0.50$，$p<0.001$），徒弟建言效能感对徒弟上谏有显著正向影响（$\beta = 0.61$，

$p<0.001$)。模型 7 表明，加入建言效能感后师傅谦逊人格特质对徒弟上谏行为的正向效应减弱($\beta = 0.21$，$p<0.001$)，且中介效应显著($\beta = 0.51$，$p<0.001$)。因此，建言效能感在师傅谦逊人格特质与徒弟上谏行为的作用机制中具有部分中介效应，假设 6-3 得到验证。

表 6.3　层级回归结果

变量	CC	VE	UV				
	模型 1	模型 2	模型 3	模型 4	模型 5	模型 6	模型 7
P-gen	-0.16	-0.21*	-0.04	0.04	0.02	0.09	0.07
P-age	0.01	0.09	0.08	0.01	0.04	0.01	0.03
P-mar	0.16	0.20*	0.13	0.06	0.07	0.01	0.02
P-edu	0.09	0.08	0.06	0.00	0.03	0.00	0.02
QX	0.59***	0.50***	0.46***		0.27***		0.20***
CC				0.46***	0.32***		
VE						0.61***	0.51***
F	27.14***	22.13***	12.64***	15.34***	16.01***	27.16***	25.27***
R^2	0.32	0.27	0.18	0.21	0.25	0.32	0.34
ΔR^2	0.32	0.27	0.18	0.21	0.07	0.32	0.03

注：QX 为师傅谦逊，CC 为职业呼唤，VE 为建言效能感，UV 为徒弟上谏，P-gen 为徒弟的性别，P-age 为徒弟的年龄，P-mar 为徒弟的婚姻状况，P-edu 为徒弟的受教育程度；*表示 $p<0.05$，**表示 $p<0.01$，***表示 $p<0.001$。

3) 链式中介效应检验

为检验链式中介效应，参考方杰与温忠麟(2014)多重中介效应检验方法，利用 Bootstrap 技术进行数据分析。

首先，对有效样本开展 5 000 次有放回的重复抽样，使得总中介效应和具体中介路径效应的非参数近似抽样分布。在此基础上，构建 2.50 百分位数(LLCI)与 97.50 百分位数(ULCI)、置信度为 95%水平的中介效应置信区间。当置信区间不包括 0 时，中介效应显著。如表 6.4 所示，师傅谦逊人格特质对徒弟上谏行为影响的路径值为 0.17,置信区间在 0.04 至 0.27 之间，不包含 0，故直接效应显著。师傅谦逊人格特质通过徒弟职业呼唤影响徒弟上谏行为的路径值为 0.03，但在 95%水平下的置信区间在-0.09 至 0.14 之间，包括 0，因而中介机制第一阶段的间接效应不显著。

表 6.4　链式中介 Bootstrap 分析结果

路径	β	SE	LLCL	ULCL
直接效应				
师傅谦逊→徒弟上谏	0.17	0.06	0.04	0.27
间接效应				
师傅谦逊→职业呼唤→徒弟上谏	0.03	0.07	-0.09	0.14
师傅谦逊→建言效能感→徒弟上谏	0.10	0.05	0.02	0.19
师傅谦逊→职业呼唤→建言效能感→徒弟上谏	0.22	0.04	0.15	0.30
总间接效应	0.34	0.07	0.23	0.46
总效应	0.52	0.08	0.37	0.66

师傅谦逊人格特质通过徒弟建言效能感影响徒弟上谏行为的路径值为 0.10，在 95%水平下的置信区间在 0.02 至 0.19 之间，因该区间不包括 0 而证实中介机制的第二阶段间接效应显著。

师傅谦逊人格特质先影响徒弟职业呼唤、再影响徒弟建言效能感后实现对徒弟上谏行为的作用路径值为 0.22，在 95%水平下置信区间在 0.15 至 0.30 之间，因该区间不包括 0 而证实了该链式中介效应显著。故而，师傅谦逊人格特质对徒弟上谏行为的链式中介效应显著，假设 6-4 得到验证。

综合上述研究结论，当职业呼唤单独作用师傅谦逊人格特质与徒弟上谏行为的内在机制时，发挥部分中介效应。但是，当建言效能感纳入师傅谦逊人格特质对徒弟上谏行为的链式中介机制时，"师傅谦逊→职业呼唤→徒弟上谏"这一路径系数不再显著，而"师傅谦逊→职业呼唤→建言效能感→徒弟上谏"这一路径系数显著，表明建言效能感的存在使得徒弟职业呼唤发挥效应。

本章小结

本章基于社会认知理论，构建了链式中介效应来解释师傅谦逊人格特质对徒弟上谏行为的效能唤醒机制，并证实了"师傅谦逊人格特质→

徒弟职业呼唤→徒弟建言效能感→徒弟上谏行为"这一链式中介模型，具体假设汇总如表 6.5 所示。通过对 3 家制造业企业样本数据的分析发现：师傅的谦逊人格特质能够促进徒弟上谏行为(假设 6-1)；徒弟的职业呼唤亦受师傅谦逊人格特质的影响，同时又对自身的上谏行为的唤醒具有重要作用(假设 6-2)；徒弟建言效能感亦在此机制中具有中介效应(假设 6-3)；职业呼唤与建言效能感成为师傅谦逊与徒弟上谏之间的关键纽带，在这一影响机制中发挥链式中介作用(假设 6-4)。

表 6.5 本章研究假设汇总

研究假设	验证
假设 6-1：师傅谦逊对徒弟上谏具有正向影响	支持
假设 6-2：徒弟职业呼唤在师傅谦逊与徒弟上谏之间起到中介作用	支持
假设 6-3：徒弟建言效能感在师傅谦逊与徒弟上谏之间起到中介作用	支持
假设 6-4：师傅谦逊人格特质对徒弟上谏行为的影响是先通过徒弟职业呼唤后影响徒弟建言效能感这一链式中介机制实现的	支持

第七章　师傅谦逊与徒弟上谏：有调节的中介模型

第一节　研究问题提出

在理论层面上，谦逊人格特质因有利于发挥他人潜在优势、促进群体融合创新，在 VUCA 时代为广大学者所推崇(曹元坤等，2021)。但随着竞争的加剧和新生代自我展示意识的增强，谦逊人格特质被视为软弱的象征，其在当代组织中的有效性问题备受质疑(Chen，1993)。

徒弟上谏行为(upward voice)具有强人际互动属性，亦是企业学徒制项目或师徒关系有效性的重要表现(曾颢等，2019；杨椅伊等，2017)。在企业学徒制场景下，徒弟上谏行为可以被界定为徒弟为改善工作现状或组织的不足而向师傅提出建设性意见的主动创新行为(许龙等，2016)。这种由下至上的创新提升与创意涌现是组织提高灵活性、适应性和创新性的关键所在，也被视为 VUCA 时代企业竞争优势的重要源头(Guzman 和 Espejo，2019)。

然而，在权力距离大且强调中庸和谐的中国文化下，"谨言慎行""沉默是金"等词语充分体现了上谏行为并不被认可(甚至于排斥)的状态，导致员工更无意愿实施上谏行为(周浩和刘安妮，2019)。鉴于此，本章试图回答以下问题：师傅的谦逊人格特质能否激发徒弟上谏行为？如果可以，其内在机制和边界条件是什么？为明晰以上问题，本章站在人际关系的视角探索师傅谦逊人格特质与徒弟上谏行为的关联机制，并讨论徒弟对师傅喜爱的中介效应和徒弟主动性人格特质的调节效应。其目的在于以下几点：首先，立足中国文化情景探索师傅谦逊人格特质对师徒关系有效性(以徒弟上谏行为为代表)的影响效果，进一步丰富了学徒制研究的内容；其次，从人际互动角度出发讨论徒弟对师傅喜爱这一情感维度对师徒关系的影响，为后续揭示学徒制的有效性提供新视角；最后，以徒弟为中心(Protégé-centric)讨论其主动性人格特质对师傅谦逊积极影响的调节作用，为后续揭示谦逊人格特质的有效性问题做出贡献。以上目标的实现，为新时代背景下制造业企业解决创新匮乏难题、实现转型升级提供实践参考，也为谦逊人格特质在现代环境下的适应性提供经验数据，并为制造业企业开展学徒制项目提供谦逊人格特质视角的借鉴。

第二节　假设提出与模型构建

一、师傅谦逊人格特质对徒弟上谏的直接效应

Owens 等(2013)认为谦逊人格特质在社会互动中呈现以下特征：正确自我认知、他人优势欣赏和可教性。正确自我认知是指谦逊个体能客观、精准地评价自己，形成精确且非防卫性质的自我认知。他人优势欣赏是指在人际互动中赞赏他人优点与价值，且不认为他人优势是一种威胁。可教性是指对新观点和反馈持开放态度，愿意虚心请教他人并接受他人批评指正。有研究发现，谦逊人格特质能激发他人的优势进而提升群体的创新与绩效(Rego 等，2019)。

建言行为(voice)是指个体为改善现状或推广创新而实施的组织公民行为，具有主动性、建设性和非角色要求等特征(Guzman 和 Espejo，2019)。依建言对象不同，Liu 等(2010)将其分为进谏上级和建言同事，并指出进谏上级具有更直接、更广泛的积极效应。师傅作为徒弟职场中的重要情境，尤其是在尊师重道的中国文化下，对徒弟的认知、心理与

行为具有显著影响(Allen 等，2004)。无论是否具有组织权力，师傅在组织中的地位和声誉等都使其成为徒弟职场中的实质上级(Eby 等，2010)。鉴于此，本章将徒弟对师傅提出建设性意见的行为称为徒弟上谏行为。

师傅谦逊与徒弟上谏存在以下关联。首先，具有谦逊人格特质的师傅具有清晰的自我认知，更容易接受徒弟指出的缺点与不足，这会增强徒弟实施上谏行为的意愿。其次，谦逊的师傅能欣赏徒弟的优势和价值，不会以敌对的态度面对徒弟上谏，这能降低其担心后续不良影响的风险。最后，愿意接受他人意见和反馈的具有谦逊人格特质的师傅，会对徒弟上谏行为采取开放友好的态度。对徒弟上谏的开放、友善且认可的行为会降低徒弟对上谏危害的评估，从而增强徒弟实施上谏行为的意愿。Detert 和 Burris(2007)发现，刚愎自用、心胸狭窄的上级会抑制下属上谏，而心胸开阔、愿意听取意见的上级会促进下属上谏。谢清伦和郗涛(2018)也发现，具有谦逊人格特质的上级会正向影响下属主动担责行为。因此，提出如下假设。

假设 7-1：师傅谦逊人格特质正向影响徒弟上谏行为。

二、徒弟对师傅的喜爱的中介效应

作为深层人际吸引要素(Dulebohn 等，2017)，喜爱(liking)具备的感情色彩使其区别于工具属性的上下级交换(Graen 和 Uhl-Bien，1995)，是组织中人际互动、社会交换等维度的重要延伸和有力补充(Dulebohn 等，2017)。因明确了情感指向，喜爱能更准确地把握上下级关系的动态性与差异性。

师傅谦逊人格特质能增强徒弟对师傅喜爱，原因如下。首先，具有谦逊人格特质的师傅会积极承认自己的局限与不足，能够给徒弟传达"困难皆可战胜""失败让人成长"的积极信号(Rego 等，2019)。有研究发现，在工作场所识别并感知积极信号有助于个体激活正面信息、引发愉快思考并形成对自己及他人的良好评价(孙旭等，2014)；换言之，促进徒弟形成对师傅的积极情感和喜爱。其次，具有谦逊人格特质的师傅对反馈意见的开放态度，会让徒弟形成"任务进展和工作效率的持续评估会提高任务达成的概率"的信念。有研究发现，清晰的进度感知与对任务可完成性的认知有助于提高员工在工作中的积极情绪，随之对带来正向信息的个体具有更高、更积极的认知(左玉涵和谢小云，2017)。最后，师傅对徒弟的贡献和价值的认可会提升徒弟的自信心和效能感。这种自信心和效能感等福祉维度的增强与提升，能够促进徒弟增加对师傅的喜爱(许龙等，2017)。总体而言，师傅谦逊人格特质作为一种重要的工作资源，能帮助徒弟树立信心、增强效能并感受积极经历，从而提高徒弟对师傅的喜爱。

社会交换理论(social exchange theory)认为，人类社会互动的根基在于遵循互惠原则的资源交换(Blau，2017)。师傅谦逊作为重要的工作资源对徒弟的工作绩效和自我认知具有强积极效应。为了回报师傅，徒弟愿意向师傅提出改善工作现状、弥补任务差错等方面的建设性意见。超越理性交换视角，师傅谦逊对徒弟上谏的影响更是通过增强徒弟对师傅的喜爱实现的。从人际关系来看，当师傅谦逊这种优秀美德产生人际吸引增强徒弟喜爱后，徒弟会因自我验证(self-verification)惯性在工作中不断寻找线索和行动来证实自我观点的正确性(毛江华等，2017)。换言之，徒弟会通过增加上谏等利他行为来帮助师傅获得更好的绩效以显示师傅在社会比较中具有优势地位，从而验证自我选择的正确。进一步来说，徒弟对师傅的喜爱本质上是具有谦逊人格特质的师傅与徒弟构建了一种共享关系(毛江华等，2017)。这种关系也超越了社会交换理论中付出与收益平等的范畴，导致徒弟愿意在不考虑得失利弊的情况下实施对师傅有益的行为，如上谏行为。基于此，提出如下假设。

假设 7-2：师傅谦逊人格特质通过增强徒弟对师傅的喜爱程度进一步促进徒弟上谏行为。

三、徒弟主动性人格特质的调节效应

如上所述，主动性人格特质是指个体自发性地为改善周遭情境而采取主动行为的持续倾向(Thomas 等，2010)。具有高主动性的个体会寻求改善现状的机会并主动采取行动直至发生有意义的变化(蔡地等，2020)。Grant 等(2011)指出，在人际互动中高主动性人格特质倾向于占据支配主动地位。高主动性人格特质徒弟希望在互动中具有更高的掌控权、在工作中获取更多的资源、为改善效率提出新想法。而具有谦逊人格特质的师傅恰好能满足徒弟的相关需求。承认缺点与不足，意味着让渡一定的权威感和资源掌控权给徒弟；认可徒弟的价值和贡献，能够满足徒弟在工作中的掌控感知；接受徒弟所提出的新想法和新观点，在一定程度上满足徒弟的支配欲望。这与支配补偿理论相符，在互动关系中一方占据主动、另一方呈现顺从的平衡状态会促进双方高质量的关系构建(陈安妮等，2016)。人际关系理论中的互补吸引律也提出了类似观点。在社会互动双方的性格特质、特定需求，以及满足需求的特殊途径具有互补性特征时，互动双方会产生强烈的吸引力(Maxwell 等，2012)。这与特质激活理论中人格特质的互补与激活具有一致性，师傅谦逊人格特质的激活及其积极效应的发挥，有赖于徒弟具有较高水平的主动性人格特质。因此，本书提出如下假设。

假设 7-3：徒弟主动性人格特质会正向调节师傅谦逊人格特质与徒弟上谏行为的正向中介机制。即师傅谦逊人格特质与徒弟主动性人格特质的交互效应以徒弟对师傅的喜爱为中介，影响徒弟上谏行为。对主动性人格特质较高的徒弟而言，越谦逊的师傅越能赢得自己的喜欢，进而更易诱发上谏行为。

综上所述，本章构建了一个以师傅谦逊人格特质作为自变量、徒弟上谏行为作为因变量、徒弟对师傅的喜爱作为中介变量、徒弟主动性人格特质作为调节变量的有调节的中介模型，如图 7.1 所示。

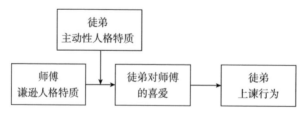

图 7.1　师傅谦逊人格特质对徒弟上谏行为的有调节的中介模型

第三节　变量测量与信效度检验

一、变量测量与信度检验

(1) 师傅谦逊人格特质采用 Owens 等(2013)的领导谦逊量表，包括自我认知正确、他人优势欣赏和可教性 3 个维度、9 个题项，如 "师傅总是积极寻求反馈，即便反馈是负面的""师傅经常赞扬别人的长处" 和 "师傅愿意接受他人的建议"等。该量表在本书数据下的 Cronbach's α 系数为 0.90。

(2) 徒弟对师傅喜爱采用 Wayne 和 Ferris(1990)的喜爱度量表，共 4 个题项，如 "我非常喜欢我的师傅""我和师傅能够成为非常好的朋友" 等。Cronbach's α 系数为 0.91。

(3) 徒弟上谏行为采用 Wu 等(2017)开发的量表，共 3 个题项，如"徒弟会针对工作相关问题给我提供建设性意见""徒弟会指出我们工作中存在的一些问题" 等。Cronbach's α 系数为 0.79。

(4) 徒弟主动性人格特质采用 Li 等(2014)编制的量表，共 10 个题项，如 "我不断地寻找能够改善生活的新办法""不论成功机会有多大，只要我相信一件事,我就会将它变为现实"等。Cronbach's α 系数为 0.84。

(5) 控制变量。参考以往的研究，选取年龄、性别、学历水平等人口统计学变量作为控制变量。

二、共同方法变异检验

为了检验同源误差问题，本章采用 Harman 单因子分析方法(Podsakoff 等，2003)，将 4 个变量的所有题目一起做因子分析。首个因子解释变异量为 26.35%，因子总方差解释量为 66.79%。首个因子解释变异量未占总变异量的一半，表明本章所涉及数据的同源误差在可接受范围内，不会对分析结果产生较大影响。

三、区分效度检验

为检验区分效度，对所包含 4 个核心变量进行验证性因子分析。如表 7.1 所示，相较于其他模型，四因子模型拟合优度最佳，表明本章所涉及的 4 个变量之间具有良好的区分效度。

表 7.1　竞争模型的验证性因子分析结果

模型	χ^2	df	χ^2/df	CFI	TLI	RMSEA	SRMR
四因子模型 (MH，PPP，PL，PUV)	205	98	2.09	0.96	0.96	0.06	0.04
三因子模型 (MH+PPP，PL，PUV)	544	101	5.39	0.85	0.82	0.12	0.08
二因子模型 (MH+PPP+PL，PUV)	924	103	8.97	0.72	0.68	0.16	0.10
单因子模型 (MPP+PPP+MMB+PCC)	1 010	104	9.71	0.70	0.65	0.17	0.10

注：N=309；MH 为师傅谦逊；PPP 为徒弟主动性人格特质；PL 为徒弟对师傅的喜爱；PUV 为徒弟上谏。

第四节　数据分析与实证结果

一、描述性统计与相关分析

变量均值、标准差及相关系数如表 7.2 所示。师傅谦逊与徒弟主动性人格特质($\gamma = 0.51$，$p<0.001$)、徒弟对师傅喜爱($\gamma = 0.58$，$p<0.001$)和徒弟上谏($\gamma = 0.48$，$p<0.001$)存在显著正相关关系。徒弟主动性人格特质与徒弟对师傅喜爱($\gamma = 0.43$，$p<0.001$)、徒弟上谏($\gamma = 0.48$，$p<0.001$)存在显著正相关关系。徒弟对师傅的喜爱与徒弟上谏存在显著正相关关系($\gamma = 0.55$，$p<0.001$)。

表 7.2　变量的描述性分析与相关系数

变量	P-gen	P-age	P-edu	MH	PPP	PL	PUV
P-gen	—						
P-age	0.00	—					
P-edu	−0.10	−0.27***	—				
MH	−0.01	−0.10	−0.00	—			
PPP	−0.09	−0.05	0.01	0.51***	—		
PL	0.04	−0.11	0.06	0.58***	0.43***	—	
PUV	0.01	0.00	0.04	0.48***	0.48***	0.55***	—
Mean	1.37	2.51	2.18	4.11	3.78	4.02	3.94
SD	0.48	0.92	0.83	0.69	0.66	0.80	0.70

注：N=307；MH 为师傅谦逊；PPP 为徒弟主动性人格特质；PL 为徒弟对师傅的喜爱；PUV 为徒弟上谏；P-gen 为徒弟的性别；P-age 为徒弟的年龄；P-edu 为徒弟的受教育程度；*表示 $p < 0.05$，**表示 $p < 0.01$，***表示 $p < 0.001$。

二、假设检验与结果分析

根据温忠麟和叶宝娟(2014)检验有调节中介模型。假设检验前将各变量标准化为 Z 分数后将相应 Z 分数相乘计算交互项：师傅谦逊人格特质×徒弟主动性人格特质、徒弟对师傅的喜爱×徒弟主动性人格特质。首先，根据式(7-1)检验主效应及徒弟主动性人格特质的调节作用，如图 7.2 所示。其次，依式(7-2)和式(7-3)检验徒弟对师傅喜爱的中介效应、徒弟主动性人格特质的调节效应及有调节的中介效应模型，如图 7.3 所示。

$$PUV = c_0 + c_1 MH + c_2 PPP + c_3 MH \times PPP + e_1 \tag{7-1}$$

$$PL = a_0 + a_1 MH + a_2 PPP + a_3 MH \times PPP + e_2 \tag{7-2}$$

$$PUV = c_0' + c_1' MH + c_2' PPP + c_3' MH \times PPP + b_1 PL + b_2 PL \times PPP + e_3 \tag{7-3}$$

其中，PUV 为徒弟上谏，MH 为师傅谦逊人格特质，PPP 为徒弟主动性人格特质，MH×PPP 为师傅谦逊人格特质与徒弟主动性人格特质的交互项，PL 为徒弟对师傅的喜爱，MH×PPP 为师傅谦逊人格特质与徒弟主动性人格特质的交互作用项，c_0、a_0 和 c_0' 为常数项，c_1、c_2、c_3、a_1、a_2、a_3、c_1'、c_2'、$'_3$、b_1 和 b_2 为各变量回归系数，e_1、e_2 和 e_3 为回归残差项。

遵循温忠麟和叶宝娟(2014)的模型检验思路，依次检验师傅谦逊对徒弟上谏的总效应、中介效应和有调节的中介效应。

1) 总效应检验

由图 7.2 可知，师傅谦逊人格特质显著正向影响徒弟上谏行为(c_1= 0.68，$p<0.001$)，验证假设 7-1。同时，师傅谦逊人格特质与徒弟主动性人格特质的交互项对徒弟上谏行为的正向影响亦显著(c_3= 0.15，$p<0.001$)，意味着徒弟主动性人格特质正向调节师傅谦逊人格特质对徒弟上谏行为的影响。为后续探索徒弟主动性人格特质对中介机制的调节效应提供基础。

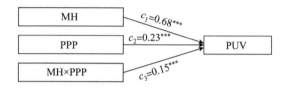

图 7.2　主效应及调节效应检验(***表示 $p<0.001$)

2) 中介效应检验

中介效应显著应满足总效应显著且自变量与中介变量、中介变量与结果变量的回归系数均显著。总效应显著已证实。图 7.3 显示，师傅谦逊人格特质显著正向影响徒弟对师傅的喜爱(a_1=0.79，$p<0.001$)，徒弟对师傅的喜爱显著正向影响徒弟的上谏行为(b_1=0.52，$p<0.001$)。同时，师傅谦逊人格特质对徒弟上谏行为的直接效应仍然显著(c_1'=0.33，$p<0.05$)。因此，徒弟对师傅的喜爱存在显著的部分中介效应。假设 7-2 得以证实。

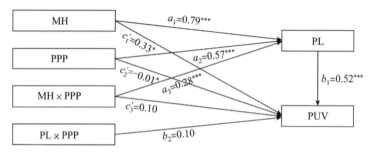

图 7.3　徒弟对师傅的喜爱的中介效应检验(*表示 $p<0.05$，**表示 $p<0.01$，***表示 $p<0.001$)

3) 有调节的中介效应检验

当调节变量的调节效应显著、自变量与调节变量的交互项显著预测中介变量且中介变量能够显著预测因变量时，存在有调解的中介效应。图 7.2 显示，徒弟主动性人格特质对师傅谦逊与徒弟上谏的正向调节效应(c_3= 0.15，p<0.001)。由图 7.3 可知，师傅谦逊与徒弟主动性人格特质的交互项显著预测徒弟对师傅的喜爱(a_3= 0.28，p<0.001)，且徒弟对师傅喜爱显著正向影响徒弟上谏(b_1= 0.52，p<0.001)。调节效应如图 7.4 所示。徒弟高主动性人格特质下的回归直线更陡峭，意味着师傅谦逊的增加会引起徒弟对师傅的喜爱在纵轴上升高更多。假设 7-3 得以证实。

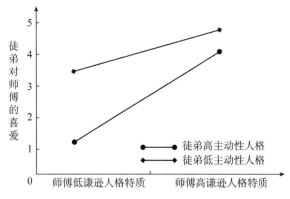

图 7.4　徒弟主动性人格特质的调节效应

本章小结

本章从人际关系视角探讨了师傅谦逊人格特质对徒弟上谏行为的作用机制与边界条件，具体假设汇总如表 7.3 所示。本章通过实证分析证实了一个有调节的中介模型：第一，师傅谦逊人格特质与徒弟上谏行为呈显著正相关关系；第二，徒弟对师徒的喜爱在这一关系中具有部分中介效应；第三，徒弟主动性人格特质会增强这一正向关系。具体而言，当徒弟主动性人格较高时，师傅的谦逊人格特质对徒弟上谏行为的中介效应更为显著；当徒弟主动性人格较低时，这一效应被弱化。

表 7.3　本章研究假设汇总

研究假设	验证
假设 7-1：师傅谦逊人格特质正向影响徒弟上谏行为	支持
假设 7-2：师傅谦逊人格特质通过增强徒弟对师傅的喜爱程度进一步促进徒弟上谏行为	支持
假设 7-3：徒弟主动性人格特质会正向调节师傅谦逊人格特质与徒弟上谏行为的正向中介机制。即，师傅谦逊人格特质与徒弟主动性人格特质的交互效应以徒弟对师傅的喜爱为中介，影响徒弟上谏行为。对主动性人格特质较高的徒弟而言，越谦逊的师傅越能赢得自己的喜欢，进而更易诱发上谏	支持

第八章 师傅指导行为与徒弟工作幸福感

第一节 研究问题提出

如今的新入职员工往往具备强自尊与趋利性,在寻求工作价值的同时也青睐于宽松的工作环境与自由的工作氛围。然而,伴随着竞争的激烈化与市场动荡,员工普遍面临着极大的工作压力与角色冲突。因此,关注新入职员工的工作压力问题、提高其工作幸福感是学者与实践界共同关注的焦点之一。

企业学徒制项目是为帮助新入职员工适应组织社会化进程、优化组织发展的有效人力资源管理实践之一(蔡地等,2019)。无论是字节跳动等新兴企业,还是杏花村等老字号企业,均已将学徒制项目作为人才开发的重要措施之一。当前,关注企业学徒制项目有效性的研究多集中于探索企业学徒制项目对新入职员工工具型维度(包括但不限于工作绩效、薪酬增长、晋升)的影响,较少以员工心理健康、幸福感等价值维度为衡量有效性的指标(童俊等,2018)。鉴于此,Wen 等(2019)指出未来研究应在企业学徒制场景下整合多理论视角探索企业学徒制项目的前因变量与后效机制及其边界条件。

因此,本章试图基于资源保存理论明晰师傅指导行为对徒弟工作幸福感的影响效果与作用机制。具体而言,本章构建了以师傅指导行为为自变量、以徒弟职业呼唤为中介变量、以徒弟工作幸福感为因变量、以团队成员关系冲突为调节变量的有调节的中介效应模型,以期丰富工作幸福感前因研究和师傅指导后效研究，对中国组织情境下更有效地开展企业学徒制项目、促进新员工社会化过程并提升其工作幸福感提供理论指导与实践参考。

第二节　假设提出与模型构建

一、理论基础：资源保存理论

资源保存理论(conservation of resource theory，COR)是目前在组织心理学与行为学中引用最为广泛的基础理论之一，其被广泛用于探索职业倦怠、创伤性压力等领域，是工作要求—资源模型(JD-R)的理论基础。COR 理论的核心假设是个体致力于获得、保留、培育并保护有价值的资源。这一经过进化过程内置于个体的强大认知偏差导致个体相对于资源获取更为看重资源损耗。因此，当价值资源受到损失威胁、重要资源受到损失，以及当付诸巨大努力仍未获取重要资源时，个体会体验到巨大工作压力而导致幸福感的降低(Hobfoll 等，2018)。COR 理论作为动机理论的一种，其从进化论视角揭示了个体实施特定行为的根本动力在于为获取并保存大量重要资源以满足生存需要。如同其他社会动物，人类为获取并保存资源而必须构建个人能力与社会纽带。但与其他社会动物不同的是，人类能够发展和利用复杂工具保障自身的生存与发展，并且通过语言系统实现沟通交流，进一步确保了实力保存与社会联结构建。因此，个体不仅需要为当下生存保存资源，还需要为应对未来需求而建设可持续资源库。这些资源来源于组织或社会中的个体、群体，抑或是物质环境之中，有助于个人获得健康、福祉、家庭、自尊及生活中的意义感与价值感等。

COR 理论具有如下核心假设：①损失优先原则(primacy of loss principle)。对个体而言，资源损失带来的消极影响远大于资源获取带来的积极影响。②资源投入原则(resource investment principle)。为避免资源损失或从损失中恢复、获取资源，个体必须要提前进行资源投入。③增益悖论原则(gain paradox principle)。在资源损失状态时，资源增加带来的效用更为明显。④绝望原则(desperation principle)。当资源损耗处于极端状态时，个体会进入自我保护模式，以一种防御的、极端的行为开展资源保存(Hobfoll 等，2018)。因此，COR 理论认为，个体有保存(包括获取、维持、积累等)具有福祉提升价值的重要资源的行为倾向。当个体认为存在难以维持这些重要资源(如失去已有资源、难以获得新资源等)的可能性时，会导致其压力增大、不安全感提升等(Hobfoll，1989)。然而，当个体获取并积累了丰富的有价值资源足以支撑起当前及未来生存时，会因感知到自我价值的持续发展而具有更高水平的心理健康，也会较少产生消极行为(陈诚等，2015)。

以 COR 理论为基础，本章认为，师傅及其所提供的指导行为是新入职员工所能获取的重要社会资源，不仅为新入职或换岗员工提供知识、能力等职业指导和角色榜样，更重要的是为新入职或换岗员工提供心理支持和压力疏导等，这些均有助于新入职员工适应组织环境并催化社会化过程(曾颢等，2021)。段锦云等(2020)发现，师傅提供的大量支持性资源能缓解新入职员工(徒弟)在陌生职场环境中的高压感与不适应，从而有助于提升新员工的工作幸福感。在指导过程中，师傅通过设立挑战性目标、呈现规范工作行为等，能有效消除其对工作角色的模糊感知，进而有助于其在工作中体会到意义感、充实感与价值实现感(叶龙等，2020)，即形成了职业呼唤(Duffy 等，2011；Xie 等，2016)。最后，在以团队为基础的工作环境中，团队成员关系的和谐与否对个体工作效率、工作满意度等具有显著影响(Chiaburu 和 Harrison，2008)。本章进一步构建了团队成员冲突对师傅指导行为与徒弟工作幸福感这一工作机制的 U 型调节效应。

综上所述，本章构建了一个如图 8.1 所示的有调节的中介模型以明晰师傅指导行为对徒弟工作幸福感的作用机制。在这一模型中，将徒弟职业呼唤作为中介变量，团队成员关系冲突作为调节变量。

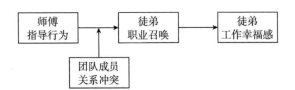

图 8.1 师傅指导行为对徒弟工作幸福感的有调节中介效应模型

二、师傅指导行为对徒弟幸福感的直接效应

师傅指导行为是在组织中知识、经验、阅历都较为丰富的资深员工对新入职员工提供的支持性发展行为(Wang 等，2014)，包括知识支持、心理疏导和角色榜样等内容(Kram，1983；Scandura 和 Ragins，1993)。有研究发现，有效的师傅指导行为有助于徒弟任务绩效的提升、晋升机会的获取等方面(Allen 等，2004)。工作幸福感(job well-being)是指员工在工作场所中所获得的积极情感体验，包含主观心理感受和客观认知评价等维度(Fisher，2010)。综合以往的研究，本章将工作幸福感界定为个体工作目标和潜能充分实现的心理感受及愉悦体验，需要组织和个人的持久努力和持续投资。

COR 理论将资源分为物质性资源、条件性资源、能源性资源和人格特质资源 4 大类(段锦云等，2020)。师傅作为职场中典型的条件性资源，对个体的职业成功和心理感受具有重要影响。首先，师傅所提供的职业指导与技能传授能够为徒弟实现职业成功奠定能力基础。其次，师傅在工作过程中所提供的角色榜样能够通过"干中学"帮助徒弟认知工作要求和角色责任，为徒弟知悉职业规范提供可被模仿的工作规范和职业准则。最为直接的，师傅在徒弟遭遇到工作困难、角色冲突或职场困境时所提供的心理疏导功能，能够缓解徒弟的工作压力和职业倦怠。无论是胜任感知、组织认同或是积极体验，对新入职员工提升幸福感至关重要(黄亮，2014)。从 COR 视角来看，工作幸福感的获取与提升，需要个体投入大量的个人资源投资和社会资源来保障。因此，师傅所提供的职业指导、心理支持和角色榜样等有助于徒弟在工作场所中体验到积极的情感、明确清晰的目标。因此，本章提出如下假设。

假设 8-1：师傅指导行为对徒弟工作幸福感具有积极的促进效应。

三、徒弟职业呼唤的中介效应

职业呼唤(career calling)是指个体视工作为不可分割的部分，在工作中体验意义感、目标感和自我实现的心理构念(史珈铭等，2018)，具有主观性、目标性和亲社会等特征(田喜洲等，2012)。

Niessen等(2012)认为获取、维持并保存大量有价值资源对其实现职业呼唤具有显著影响。师傅作为徒弟在工作场所中的重要社会关系，能够显著提高员工的工作热情、增强工作活力(王凯和韩翼，2018)。首先，在工作的过程中，师傅能够通过帮助徒弟分析、解决工作中遇到的问题实现徒弟工作经验的积累和知识能力的提升，在不断地"发现问题、寻求帮助、积累经验"中徒弟形成胜任工作、解决问题的信念。其次，师傅所提供的角色模范功能，能够让徒弟通过社会学习了解到组织工作的潜在规则与模范行为，帮助徒弟知晓完成工作所必须达成的目标、必须适应的氛围，以及必须遵循的价值取向等。对角色与职业的清晰认知是徒弟形成职业呼唤的基础。最后，师傅在徒弟遭遇职业困惑时提供的心理疏导行为，能够帮助徒弟更好地将自身目标与组织、团队目标协调一致，在工作中更多地体验正向积极的情绪和活力。因此，师傅指导行为有助于徒弟职业呼唤的形成。

职业呼唤较高的个体在工作中会体验到更高水平的幸福感。元分析结果证实了处于高水平职业呼唤的员工通常具有更高水平的工作满意度、工作投入度和幸福感(Dobrow，2013)。职业呼唤得以形成的关键在于个体所从事的工作是否是遵循自身价值判断和内在选择的结果(史珈铭等，2018)。这种工作、组织与个体价值观的一致性，是个体感知到工作幸福感的关键所在(黄亮，2014)。此外，形成职业呼唤的前提在于个体认为自己有能力胜任所从事的职业和工作，这种工作胜任感是员工工作幸福感提升的关键所在(蔡地等，2019)。最后，高水平的职业呼唤意味着员工能够更热情和有活力地对待工作，保持清晰明确的目标导向，这与员工工作幸福感中的积极情绪维度具有一致性。鉴于此，本章提出如下假设。

假设 8-2：师傅指导行为通过提升徒弟职业呼唤而实现对工作幸福

感的提升。

四、团队关系冲突的 U 型调节效应

团队关系冲突是指团队成员间出现矛盾、不和谐等状态(Jehn，1995)，对组织发展(De Dreu 和 Weingart，2003)、员工满意度(Duffy 等，2000；Jehn 等，2010)、工作绩效(孙海法等，2011；De Dreu 和 Weingart，2003；Jehn 等，1999)等有消极影响。以往的研究大多将其作为调节变量探索对团队中个体、群体的作用效果(Halbesleben 和 Wheeler，2011)。虽然以往的研究证实了团队关系冲突对个体、团队和组织的消极影响，但因适当水平的团队关系冲突意味着团队成员间个性、能力和价值观的差异，而对以创新为导向的组织具有正向的积极效应，尤其是当组织或团队有能力并投入精力管理关系冲突时更为明显(田立法等，2018)。

基于 COR 理论，团队成员关系可以被视为一种对员工具有价值的社会资源，和谐团队关系有助于增强其资源获取的可能性，但消极团队关系则是对个体资源的一种消耗(曹霞和瞿皎姣，2014)。当团队关系冲突水平较弱时，团队中成员之间具有和谐关系，师傅可以集中精力帮助徒弟实施职业指导、心理疏导和角色模范等行为，从而更为有效地帮助徒弟形成职业呼唤。但是，随着团队关系冲突的提高，师傅和徒弟均需要调整一部分时间、精力与资源去应对这一冲突以预防徒弟因持续的资源损失而导致幸福感降低。此时，师傅所提供的指导行为对徒弟职业呼唤、工作幸福感的正向效应变弱(即 COR 理论中的资源投入原则)。但是，当团队关系冲突水平持续增强时，师傅所提供的指导行为将会是徒弟在"窒息"社交关系中的少数积极资源，此时将对徒弟职业呼唤和工作幸福感产生更强的促进效应(即 COR 理论中的增益悖论原则)。因此，提出如下假设。

假设 8-3：团队关系冲突在师傅指导行为与徒弟职业呼唤中具有 U 型调节作用。即，师傅指导行为与团队关系冲突的交互效应以徒弟职业呼唤为中介影响徒弟工作幸福感。当团队关系冲突处于较低和较高水平时，师傅指导行为能够更显著地促进徒弟形成职业呼唤，进而提升徒弟工作幸福感。

第三节　变量测量与信效度检验

一、变量测量与信度检验

(1) 师傅指导行为基于 Castro 等(2004)对 Scandura 和 Ragins(1993)改编的 3 维度、9 题项量表。经本章所涉及数据检验后,该量表 Cronbach's α 系数为 0.89。

(2) 职业呼唤采用 Dobrow 和 Tosti-Kharas(2011)开发的单维度、12 题项量表。在本章数据下, 该量表 Cronbach's α 系数为 0.95。

(3) 工作幸福感采用 Zheng 等(2015)开发的 3 维度、18 题项量表。题项示例包含如"我的工作非常有趣"等。该量表 Cronbach's α 系数为 0.89。

(4) 团队关系冲突采用 Jehn(1995)开发的单维度、4 题项量表, 题项示例如"团队成员之间有很多摩擦"等。经信度检测后, 该量表 Cronbach's α 系数为 0.70。

(5) 控制变量。参考以往的研究, 选取年龄、性别、学历水平等人口统计学变量作为控制变量。

二、共同方法变异检验

为检验同源误差问题,本章采用 Harman 单因素(Podsakoff 等,2003),将本章所涉及构念的所有测量题项同时做因子分析。研究发现,无单一因素被析出,且主因素所解释变异量为 42.85%, 低于临界值 50%, 说明不存在显著的同源误差问题。

三、区分效度检验

为检验本章核心变量(师傅指导行为、徒弟职业呼唤、徒弟工作幸福感和团队关系冲突)的区分效度,采用题项打包方式开展验证性因子分析,结果如表 8.1 所示。在表 8.1 中,将理论模型与竞争模型进行对比发现,四因子模型的适配指数最优(χ^2=713.14, χ^2/df = 2.24, CFI = 0.93, TLI = 0.92, RMSEA = 0.06, SRMR = 0.05),说明 4 个核心变量间具有明显的区分效度。

表 8.1　验证性因子分析

模型	χ^2	df	χ^2/df	CFI	TLI	RMSAE	SRMR
四因子模型 (MT、CC、TC、JW)	713.14	318	2.24	0.93	0.92	0.06	0.05
三因子模型 (MT、CC+TC、JW)	1 140.62	321	3.55	0.86	0.84	0.09	0.07
二因子模型 (MT+CC+TC、JW)	1 827.66	323	5.66	0.74	0.71	0.13	0.10
单因子模型 (MT+CC+TC+JW)	2 261.01	324	6.98	0.66	0.63	0.14	0.11

注:MT 为师傅指导行为,CC 为徒弟职业呼唤,TC 为团队关系冲突,JW 为工作幸福感。

第四节　数据分析与实证结果

一、描述性统计与相关分析

本章各核心变量均值、标准差及相关系数如表 8.2 所示。从表 8.2 可知,师傅指导行为与徒弟工作幸福感呈显著正相关关系(r= 0.65, p<0.01)、与徒弟职业呼唤呈显著正相关关系(r= 0.61, p<0.01);徒弟职业呼唤与工作幸福感呈显著正相关关系(r= 0.65, p<0.01)。这为本章研究假设提供了初步支持。

表 8.2　各变量描述性分析和变量间相关系数

变量	P-gen	P-age	P-edu	P-mar	MT	CC	JW	TC
P-gen	—							
P-age	0.10	—						
P-edu	−0.11	0.32**	—					
P-mar	−0.03	−0.54**	0.33**	—				
MT	−0.06	−0.24**	0.08	0.22**	—			
CC	−0.09	−0.05	0.09	0.10	0.61**	—		
JW	−0.02	−0.06	0.09	0.14*	0.65**	0.57**	—	
TC	0.07	0.04	−0.11	−0.04	−0.05	−0.11	0.00	—
Mean	1.33	2.66	2.17	1.30	3.78	3.80	3.79	2.18
SD	0.45	0.80	0.81	0.43	0.72	0.72	0.68	0.84

注：MT 为师傅指导行为，CC 为徒弟职业呼唤，TC 为团队关系冲突，JW 为工作幸福感；P-gen 为徒弟的性别，P-age 为徒弟的年龄，P-edu 为徒弟的受教育程度，P-mar 为徒弟的婚姻状况；*表示 $p<0.05$，**表示 $p<0.01$，***表示 $p<0.001$。

二、假设检验与结果分析

标准化处理本章所有变量后将性别、年龄、学历和婚姻等情况作为控制变量后采用 SPSS 宏程序 PROCESS 开展有调节的中介模型分析。Bootstrap 方法检验基于偏差校正的百分位，重复取样 5 000 次，计算 95%置信水平下的置信区间，实证分析结果如表 8.3 所示。

1) 总效应检验

首先，由表 8.3 中的模型 4 检验徒弟职业呼唤在师傅指导行为和徒弟工作幸福感间的中介作用。结果显示，师傅指导行为正向预测员工职业呼唤($\beta= 0.64$，$p<0.001$)；师傅指导行为正向预测徒弟工作幸福感($\beta= 0.47$，$p<0.001$)，职业呼唤正向预测工作幸福感($\beta= 0.25$，$p<0.001$)。即假设 8-1 得到支持，假设 8-2 得到初步检验。

2) 中介效应检验

在此基础上，运用 Bootstrap 分析技术对师傅指导行为对徒弟工作幸福感的直接效应及职业呼唤的中介效应开展分析，结果如表 8.4 所示。由表 8.4 可知，在置信水平为 95%的置信区间中，该直接效应和中介效应的置信区间分别为 0.34 至 0.59 之间和 0.08 至 0.25 之间，均不包含 0。

表 8.3　回归分析结果

预测变量	职业呼唤(模型 4)			工作幸福感(模型 4)			职业呼唤(模型 7)			职业呼唤(模型 7)		
	β	SE	t	B	SE	t	β	SE	t	β	SE	t
MT	0.64***	0.05	13.50	0.47***	0.05	8.84	0.64***	0.05	13.58	0.64***	0.05	13.55
CC				0.25***	0.05	4.86						
TC							−0.08*	0.04	−2.06			
TC×TC										−0.02*	0.01	−1.98
MT×TC							0.14**	0.05	2.91			
MT×TC^2										0.03**	0.01	2.75
P-gen	−0.10	0.08	−1.30	0.05	0.07	0.80	−0.11	0.07	−1.52	−0.11	0.07	−1.50
P-age	0.12*	0.05	2.40	0.08	0.05	1.89	0.13*	0.05	2.53	0.12*	0.05	2.49
P-edu	0.01	0.09	0.14	0.07	0.08	0.87	0.00	0.09	0.04	0.06	0.04	1.45
P-mar	0.07	0.04	1.50	0.04	0.04	0.96	0.06	0.04	1.46	0.00	0.09	−0.02
R^2	0.40			0.47			0.42			0.64		
F	38.45***			43.85***			29.82***			29.46***		

注：MT 为师傅指导行为，CC 为徒弟职业呼唤，TC 为团队关系冲突，JW 为工作幸福感；P-gen 为徒弟的性别，P-age 为徒弟的年龄，P-edu 为徒弟的受教育程度，P-mar 为徒弟的婚姻状况；*表示 $p<0.05$，**表示 $p<0.01$，***表示 $p<0.001$。

表 8.4　总效应、直接效应、中介效应分解表

	效应值	Boot.标准误	Boot.CI 下限	Boot.CI 上限	效应占比
总效应	0.63	0.05	0.54	0.72	100%
直接效应	0.47	0.06	0.34	0.59	74.64%
中介效应	0.16	0.04	0.08	0.25	25.36%

由此证明，徒弟职业呼唤在师傅指导行为与徒弟工作幸福感间的中介作用显著，扮演着部分中介角色。此时，师傅指导行为对徒弟工作幸福感的直接效应为 0.47，通过徒弟职业呼唤发生的中介效应为 0.16，分别占总效应 0.63 的 74.64%和 25.36%。假设 8-2 得到支持。

3) 有调节的中介效应检验

温忠麟等(2006)认为对于非线性调节效应可以采用高阶交互项进行检验。由于本章仅探索调节变量对中介机制前半段的作用效应，选择

PROCESS 包中的模型 7 开展实证分析，实证结果如表 8.3 所示。

由表 8.3 可知，徒弟职业呼唤 64.40%的变异值由师傅指导行为(MT)、徒弟职业呼唤的二次方(TC×TC)、师傅指导行为与徒弟职业呼唤的交乘项(MT×TC)、师傅指导行为与徒弟职业呼唤的二次方的交乘项(MT×TC^2) 4 者解释，回归方程拟合程度较好，MT×TC、MT×TC^2 系数分别为 0.14 和 0.02(p <0.01)，均为正且均显著。

运用 Bootstrap 方法反复抽样 5 000 次以检验不同程度的团队关系冲突下师傅指导行为对徒弟工作幸福感的中介机制的影响，结果如表 8.5 所示。

表 8.5 有调节的中介效应

	团队关系冲突	效应值	Boot.标准误	Boot.CI 下限	Boot.CI 上限
有调节的中介效应	−4.33(M − 1SD)	0.13	0.04	0.06	0.22
	0(M)	0.16	0.04	0.08	0.25
	4.33(M + 1SD)	0.19	0.05	0.10	0.29

表 8.5 显示，当团队关系冲突处于中等水平时，师傅指导行为通过帮助徒弟构建职业呼唤最终实现对徒弟工作幸福感的中介影响机制显著(β = 0.13，SE=0.04)，95%置信水平下的置信区间为 0.06 至 0.22。在较低水平或较高水平的团队关系冲突环境中，师傅指导行为通过帮助徒弟构建职业呼唤最终实现对徒弟工作幸福感的中介影响机制显著，但是效应值更高(β = 0.19，SE = 0.05)，95%置信水平下的置信区间处于 0.10 至 0.29 之间。

综合来看，团队关系冲突对师傅指导行为与徒弟职业呼唤的正向关系具有 U 型调节作用，假设 8-3 成立。

本章小结

本章在企业学徒制项目下探讨了师傅指导行为对徒弟工作幸福感的作用机制与边界条件，具体假设汇总如表 8.6 所示。通过实证分析证实了一个有调节的中介模型：第一，师傅指导行为对徒弟工作幸福感具有积极效应；第二，徒弟职业呼唤在这一正向机制中具有中介效应；第三，团队关系冲突对这一中介机制具有 U 型调节效应。具体而言，当团队关系冲突程度较高或较低时，师傅的指导行为能够更为显著地促进徒弟职业呼唤的形成，进而增强其工作幸福感的提升。

表 8.6　本章研究假设汇总

研究假设	验证
假设 8-1：师傅指导行为对徒弟工作幸福感具有积极的促进效应	支持
假设 8-2：师傅指导行为通过提升徒弟职业呼唤而实现对工作幸福感的提升	支持
假设 8-3：团队关系冲突在师傅指导行为与徒弟职业呼唤中具有 U 型调节作用。即，师傅指导行为与团队关系冲突的交互效应以徒弟职业呼唤为中介，影响徒弟工作幸福感。当团队关系冲突处于较低和较高水平时，师傅指导行为能够更强地促进徒弟形成职业呼唤，进而提升工作幸福感	支持

第九章　徒弟中庸人格特质与工作幸福感

第一节　研究问题提出

与谦逊人格特质相似，中庸是中国传统文化中的经典思想之一。中庸人格特质植根于中国人的潜意识中，对其言行举止具有深远的影响(梁果等，2012)。中庸人格特质体现了中华民族包容内敛的性格特征，其所倡导的平衡与和谐对个体幸福感具有潜在影响(杜旌和刘芳，2014)。当前组织与管理研究中对中庸人格特质的探索日趋丰富，但仍未达成共识。有部分研究证实了中庸人格特质对员工变革行为(杜旌等，2014)、创造力(张光曦和古昕宇，2015)和工作绩效(胡新平等，2012)的积极影响效应，但其他研究却指出中庸人格特质因使员工倾向于保守和平庸而阻碍其创新行为的产生(Yao等，2010)，亦有研究发现中庸人格特质对诸如渐进式创新和激进式创新等行为的相反效果(杜旌等，2018)。与此同时，以上研究虽为开展中庸人格特质在组织场景下的效用研究奠定了坚实的基础，但大多集中于以组织视角为切入点讨论其对利组织行为与结果的影响，较为缺乏谦逊人格特质对员工本身(如幸福感)的作用效果的研究。

鉴于此，本章立足中国传统文化思维和组织情景统筹人格特质(中庸人格特质)、行为(员工建言行为)和环境(团队冲突与团队建言氛围)3种要素的交互作用对个体情绪与认知(员工幸福感)的影响，并构建以中庸人格特质为自变量、以员工建言行为为中介变量、以员工幸福感为因变量，以团队冲突和团队建言行为为调节变量的有调节的中介模型(如图 9.1 所示)，检验了员工中庸人格特质对其幸福感的作用机制和边界条件，以期从理论上丰富中庸思维的在组织情境中的研究框架，从实践上为在"以人为本"大趋势下发展的中国企业加深对中庸思维的认知，并有针对性地为其改进人才管理策略提供理论参考。

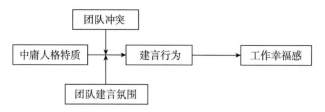

图 9.1 徒弟中庸人格特质对其工作幸福感的有调节中介模型

第二节 假设提出与模型构建

一、徒弟中庸人格特质对工作幸福感的直接效应

《现代汉语词典》中对中庸人格特质的定义为：待人接物采取不偏不倚、调和折中态度的行为倾向。作为儒家代表思想之一，中庸人格特质在数千年文化传承中已成为我国传统文化核心构成部分(高志强，2021)。

《中庸》指出，喜怒哀乐未表现出来时称"中"，表现出来并符合节度叫"和"。"持中"是本性，"求和"是原则，达成"中和"是目标(赵志裕，2000)。"和"，不仅意味着自我内心和谐，更是认知自我、他人与社会的出发点与评判标准。故而，中庸人格特质在行事时会综合考量自身与环境的关系致力于达成和谐的境界(杨中芳，2009)。杜旌等(2014)指出，中庸人格特质个体会对周遭人事物采用辩证和全方位认知方式，并以此为基础采取非极端行为方式("中")达到自我与环境、个体与总体的和谐。

员工幸福感(employee well-being)的概念由 Warr(1987)引入组织与管理领域后得到了学者广泛关注。当前研究多基于整合视角将员工幸福感定义为员工在工作等场所中的主观体验和自我实现及满足的持久性客观评价(许龙等，2017)。Zheng 等(2015)在中国情境下探索了员工的幸福感并将其划分为生活、工作和心理 3 个领域的幸福感。其中，生活幸福感意味着个体对家庭、健康等多领域的总体满意水平；工作幸福感代表员工对工作与组织要素的满意度(Diener，2000)；心理幸福感从员工心理需求和自我实现角度出发，探索个体在生活和工作等领域的积极情绪和正向感知(Ryan 和 Deci，2001)。本章的研究目的在于明晰企业新型学徒制项目中徒弟中庸人格特质对自身幸福感的影响效果，故而在探索员工幸福感时聚焦其工作场所中的体验与感受，专注于"工作幸福感"这一维度。

综上所述，幸福感的获得与维持不仅在于物资需求的满足，更强调与外部环境的和谐一致而实现内心安宁平静(邹琼，2005)。这一状态的达成与中庸人格特质所寻求的"中和"境界具有一致性，即通过"持中"实现个体与自我、与他人、与环境的和谐状态。具有较高中庸人格特质的徒弟会持续性地实施"持中"行为以求"和"，会显著提高其对幸福的感知，如杜旌和刘芳(2014)证实了中庸人格特质对员工幸福感的提升效应。鉴于此，提出如下假设。

假设 9-1：徒弟中庸人格特质与其工作幸福感呈正相关关系。

二、徒弟建言行为的中介效应

在以往探索中庸人格特质对其幸福感的研究中多集中于从个体心理机制开展研究，并未将员工视为能动主体探索中庸人格特质所呈现的行为倾向对其幸福感的影响机制。因此，本章试图探索徒弟建言行为在中庸人格特质与幸福感之间的中介效应。

人格特质是探索员工建言行为的前因研究中的核心变量(楼旭明等，2021；倪丹等，2021)。本章认为，中庸人格特质对建言行为的实施具有积极影响。因环境动荡，组织时刻处于平衡偏离状态，故而迫切需要员工提供有价值的建议以纠偏(许龙等，2016)。在遭遇组织不足或无效时，员工可能会实施离职(exit)、建言(voice)、忠诚(loyalty)和无视(neglect)等 4 种行为(Hirschman，1970；Farrell 和 Rusbult，1985)。具有较高水平中庸人格特质的徒弟在面对组织平衡偏离状态时，往往会因自身对于动态均衡所具备的强烈渴望(杜维明，2014)而更倾向自发地根据场景特征制定计划并采取行动以求实现多维度的均衡和谐(张德胜等，2001)。鉴于此，员工建言行为作为这 4 种行为策略中唯一具有积极特征、以改善组织为目标的主动性创新行为(杜旌等，2014；Van Dyne 和 LePine，1998)，最为符合中庸人格特质的员工所秉持的行为准则。作为一种强调保持自我内心克制且结合场景特征综合考量他人感受的全局性理性特征，中庸人格特质习惯于运用辩证思维实施对自身、他人、组织等相关主体均满意的行为(邬欣言，2017)，即员工建言行为。一方面因建言行为能为组织带来建设性意见，另一方面也因其符合自身观点表达和情绪抒发的自我需求(杜旌等，2014)。

对中庸人格特质的徒弟而言，建言行为的实施有助于提升自我的幸福感。当员工感知到组织非平衡状态而实施建言行为以寻求改变、实现求和时，徒弟一方面因自由意志的执行和自身观点的对外表达满足了自主需求和关联需求；另一方面徒弟也会因改善或努力改善了组织状态而履行了组织成员的责任，满足了胜任需求。自我决定理论的分支理论——基本心理需求理论(Ryan 和 Deci，2002)指出，个体的自主、胜任、关联需求得到满足对个体的心理、生理、社会 3 个方面都会产生显著积极影响(Deci 和 Ryan，2012；Ryan 和 Deci，2008)。蔡永红等(2018)、罗雪峰和沐守宽(2017)、汤岷岷(2021)基于实证研究范式在中国情境下证实了以上效应。总体来看，徒弟会因建言行为的实施而获得基本心理需求的满足，进而实现自我幸福感的提升。鉴于此，本章构建如下假设。

假设 9-2：徒弟建言行为在其中庸人格特质与工作幸福感之间具有中介效应。

三、团队冲突的调节效应

现代组织中已将团队作为基本单元，是个体生存并获得信息、资源的重要环境。社会认知理论与个人环境匹配理论等都认为个体特质只有在与环境(如组织氛围、团队需求)达到最佳匹配时才能引发人格特质所导向的习惯性行为,并实现诸如绩效提升等积极效果(Ostroff,1993)。特质激活理论也秉持着类似观点,指出个体人格特质的激活或压制取决于个体所处情景要素(Tett 等,2021)。因此,本章为进一步明晰徒弟所具备的中庸人格特质对其工作幸福感正向机制的边界条件,试图从团队环境中寻求对中庸员工的建言行为和工作幸福感产生影响的因素。

团队冲突是组织中最常见的非平衡状态之一,源于成员的多样性和任务的复杂性导致的认知差距。以往研究大多认为团队冲突对个体、团队和组织来说都是消极的,应尽力避免和及时遏制(Medina 等,2005)。但随着研究进一步发展,越来越多的学者基于更加辩证的视角探索不同类型冲突(如任务冲突、关系冲突等)的利害效果(Jehn,1995)。任务冲突源于团队成员在工作中遇到问题而产生的相悖观点,研究发现其能够在一定程度上能促进团队成员的沟通交流从而促进彼此理解和创新提升(Amason,1996)。关系冲突聚焦于人际关系,描述团队成员人际关系中的敌意、仇视等心理氛围,研究发现其会破坏成员之间的互动模式与沟通机制,从而降低团队成员工作满意度和工作积极性,造成团队信息不畅、决策失误、效率低下等不良后果,对团队运行和组织发展弊大于利(戴佩华,2018)。关于团队冲突的双维度划分及其对个体、团队和组织的作用效果在中国组织情景下得到了广泛探索(陈晓红和赵可,2010;郎淳刚等,2007)。但是,无论是何种类型的冲突,团队冲突的本质都是当前团队处于一种不平衡、不和谐的状态,势必会导致寻求"中和"目标的中庸员工产生改善组织现状的动机,从而会针对这一不平衡而更多地提出建设性意见。因此,提出如下假设。

假设 9-3:团队冲突正向调节徒弟中庸人格特质与其建言行为之间的正向关系。

四、团队建言氛围的调节效应

团队建言氛围是员工建言行为在团队层面上的衍生概念,是指团队成员对建言行为的态度及后果的共同认知状态(Morrison 等,2011),能够呈现团队成员对自身及其他成员实施建言行为的态度(陈苗苗,2015)。

由其概念界定可知，团队建言氛围必然会对员工建言行为的实施具有影响。特质激活理论认为，只有在环境对特定行为具有较高接受度且能够带来影响时，个体才会将内在人格特质转化为外显的行为倾向(Tett 等，2021)。同样，个人环境匹配理论也强调了个体行为受到个人价值观与环境价值规范匹配程度的影响(Edwards，2008)。从社会认知理论的自我调节机制来看，中庸员工注重与外界环境的和谐一致，当团队建言氛围较强时，有可能会为了保持与团队氛围、团队成员的和谐一致而更多地从事建言行为。因此，提出如下假设。

假设 9-4a：团队建言氛围在员工中庸人格特质与建言行为之间起正向调节作用。

但是，从另一理论视角会推导出竞争研究假设。虽然承认团队环境会塑造成员行为(Salancik 和 Pfeffer，1978)，社会信息加工理论强调，当个体面临不确定性选择时，其对所接收信息的解读是实施最终行为的关键所在(戴万亮和路文玲，2021)。好的团队建言氛围意味着团队成员对建言行为的广泛认可与实施，这对具有大局观、擅长从整体思考的中庸员工而言，可能会被解读为另一种类型的非平衡状态。换言之，因为过多观点必然会导致意见分歧、决策低效，甚至会引发新的团队冲突。所以，当团队建言氛围较好时，中庸员工可能会存在为了维持和谐状态而克制实施建言行为的可能性。鉴于此，本章做出针对假设 9-4a 的竞争假设。

假设 9-4b：团队建言氛围在员工中庸人格特质与建言行为之间起负向调节作用。

第三节　变量测量与信效度检验

一、变量测量与信度检验

(1) 中庸人格特质(ZY)选择杜旌等(2014)所开发量表的执中一致和

慎独自修两个维度、6 个题项，示例如"做决定时会为了整体的和谐来调整自己""任何事情总有个限度，过了头和达不到都不好"等。在本章数据下，该量表的 Cronbach's α 系数为 0.80。

(2) 员工建言行为(VB)选取 Liu 等(2017)开发的 3 题项量表，包括如"我会指出团队中存在的问题"等题项。该量表在本章中的 Cronbach's α 系数为 0.73。

(3) 工具幸福感(JW)借鉴 Zheng 等(2015)开发的 3 维度、18 题项的员工幸福感量表中工作幸福感维度的 6 个题项，包括如"我的工作非常有趣"等。该量表的 Cronbach's α 系数为 0.89。

(4) 团队冲突(TC)选择选取 Jehn(1995)编制的二维度、8 题项量表，具体题项如"团队成员时常针对团队工作发生冲突""团队成员间情绪冲突频繁"等。该量表的 Cronbach's α 系数为 0.81。

(5) 团队建言氛围(TVC)借鉴 Frazier 和 Bowler(2015)开发的 6 题项量表，具体条目如"团队鼓励员工积极参与到影响部门工作质量的议题中"等。该量表的 Cronbach's α 系数为 0.79。

(6) 控制变量。参考以往的研究，选取年龄、性别、学历水平等人口统计学变量作为控制变量。

二、共同方法变异检验

采用 Harman 单因素分析对数据共同方法变异开展检测，通过未旋转主成分的方法进行分析，结果显示无单一因素被析出，主因素所解释变异量为 21.35% 且低于临界值 40%，说明不存在显著的共同方法偏差。

三、区分效度检验

为检验各构念间的区分效度，运用竞争模型方法开展验证性因子分析，具体结果如表 9.1 所示。由表 9.1 可知，与其他模型相比，五因子模型具有最佳的拟合度，$\chi^2/df < 3$，CFI 和 TLI 均大于 0.90，RMSEA 和 SRMR 均小于 0.08，说明本章 5 个核心潜变量间具有良好的区分效度。

表 9.1 验证性因子分析

模型	χ^2	df	χ^2/df	CFI	TLI	RMSEA	SRMR
五因子模型 (ZY、VB、JW、TC、TVC)	414.73	160	2.59	0.93	0.92	0.07	0.05
四因子模型 (ZY+VB、JW、TC、TVC)	602.39	164	3.67	0.88	0.86	0.10	0.07
四因子模型 (ZY+ TC、VB、JW、TVC)	742.21	164	4.53	0.84	0.81	0.11	0.12
四因子模型 (ZY、VB+JW、TC、TVC)	759.41	164	4.63	0.83	0.81	0.11	0.08
四因子模型 (ZY+TVC、VB、JW、TC)	1 095.21	164	6.68	0.74	0.70	0.14	0.12
四因子模型 (ZY、VB、JW+TVC、TC)	1 359.02	164	8.29	0.66	0.61	0.16	0.18
单因子分析 (ZY+VB+JW+TC+TVC)	2 559.93	170	15.06	0.33	0.25	0.22	0.20

注：ZY 为中庸人格特质，VB 为员工建言行为，JW 为工作幸福感，TC 为团队冲突，TVC 为团队建言氛围。

第四节 数据分析与实证结果

一、描述性统计与相关分析

各变量的描述性统计与相关性分析如表 9.2 所示。其中，徒弟中庸人格特质与其建言行为($r = 0.40$，$p<0.01$)和工作幸福感($r = 0.39$，$p<0.01$)均存在显著正相关关系，且建言行为与工作幸福感($r = 0.44$，$p<0.01$)存在显著正相关关系。各变量间的相关系数、显著性及平均值和标准差均未见异常值，初步验证了本章假设。

表 9.2　各变量描述性分析和变量间相关系数

变量	P-gen	P-age	P-edu	P-mar	ZY	VB	JW	TC	TVC
P-gen	—								
P-age	0.10	—							
P-edu	−0.11	0.32**	—						
P-mar	−0.03	−0.54**	0.33**	—					
ZY	0.00	−0.17**	0.01	0.06	—				
VB	−0.02	−0.03	0.05	0.07	0.40**	—			
JW	−0.02	0.07	0.09	0.14*	0.39**	0.44**	—		
TC	0.05	0.03	−0.17**	−0.03	−0.07	−0.10	0.02	—	
TVC	0.12*	0.12*	−0.03	−0.12*	0.00	−0.01	−0.01	−0.10	—
平均值(M)	1.33	2.66	2.17	1.30	3.91	3.94	3.79	2.35	3.92
标准差(SD)	0.45	0.80	0.81	0.43	0.66	0.75	0.68	0.82	0.74

　　注：P-gen 为徒弟的性别，P-age 为徒弟的年龄，P-edu 为徒弟的受教育程度，P-mar 为徒弟的婚姻状况，ZY 为中庸人格特质，VB 为员工建言行为，JW 为工作幸福感、TC 为团队冲突、TVC 为团队建言氛围；*表示 $p<0.05$，**表示 $p<0.01$。

二、假设检验与结果分析

1) 总效应检验

由表 9.3 中 M9 可知，徒弟中庸人格特质与其工作幸福感具有显著正相关关系($\beta = 0.42$，$p<0.001$)，假设 9-1 得以验证。

表 9.3　层级回归结果

自变量	VB							JW			
	M1	M2	M3	M4	M5	M6	M7	M8	M9	M10	M11
P-gen	−0.03	−0.04	−0.04	−0.06	−0.04	−0.03	−0.05	−0.01	−0.02	0.00	−0.01
P-age	0.02	0.10	0.10	0.10	0.10	0.10	0.10	0.02	0.09	0.01	0.06
P-edu	0.03	0.05	0.01	0.02	0.05	0.03	0.01	0.04	0.05	0.03	0.04
P-mar	0.13	0.16	0.16	0.15	0.16	0.17	0.15	0.21	0.23*	0.16	0.19
ZY		0.47***	0.46***	0.48***	0.47***	0.48***	0.49***		0.42***		0.28***
VB										0.39***	0.29***
TC			−0.06	−0.07			−0.06				
ZY×TC				0.17*			0.16*				

（续表）

自变量	VB							JW			
	M1	M2	M3	M4	M5	M6	M7	M8	M9	M10	M11
TVC					−0.01	0.01	−0.01				
ZY×TVC						−0.20**	−0.17*				
R^2	0.01	0.17	0.17	0.19	0.17	0.19	0.21	0.02	0.18	0.20	0.26
F	0.52	12.03***	10.26***	9.85***	9.99***	9.72***	8.30***	1.59	12.59***	14.85***	17.21***

注：P-gen 为徒弟的性别，P-age 为徒弟的年龄，P-edu 为徒弟的受教育程度，P-mar 为徒弟的婚姻状况，ZY 为中庸人格特质，VB 为员工建言行为，TC 为团队冲突、TVC 为团队建言氛围；*表示 $p<0.05$，**表示 $p<0.01$，***表示 $p<0.001$。

2）中介效应检验

由 M2 可知，徒弟中庸人格特质与其建言行为也存在显著正相关关系（$\beta = 0.47$，$p<0.001$）。M10 显示，徒弟建言行为与其工作幸福感存在显著正相关关系（$\beta = 0.40$，$p<0.001$）。在此基础上，构建由徒弟建言行为作为中介变量的中庸人格特质对工作幸福感的作用机制，即 M11。由 M11 可知，徒弟中庸人格特质与其建言行为、工作幸福感仍具显著正相关关系，但前者与工作幸福感的相关系数有所下降（$\beta= 0.28$，$p<0.001$），假设 9-2 所构建的中介效应得到初步验证。进一步运用 Bootstrap 法检验直接效应和中介效应，结果如表 9.4 所示。其中建言行为在中庸人格特质与工作幸福感之间的中介效应占比为 32.69%，且在 95%置信水平下偏差较正置信区间为 0.07 至 0.23，不包含 0，假设 9-2 得以验证。

3）有调节的中介效应检验

借鉴 Aiken 和 West(1991)建议，对团队冲突氛围和团队建言氛围的调节效应进行层次回归检测。先将自变量和调节变量中心化后纳入线性回归方程检验主效应，再分别构造中庸人格特质与团队冲突氛围、团队建言氛围的交互项检验其交互效应。结果如表 9.3 所示。其中，M4 显示，中庸人格特质和团队冲突氛围的交互项与徒弟建言行为呈显著正相关关系（$\beta = 0.17$，$p<0.05$）。由此可见，当团队冲突较强时，徒弟中庸人格特质对其建言行为的正向影响会被增强，故假设 9-3 得以初步验证。

进一步根据 Preacher 和 Hayes(2008)方法进一步检测有调节中介效应，结果如表 9.5 所示。由表 9.5 可知，当团队冲突氛围较高时，徒弟建言行为的中介效应值(0.18)大于团队冲突氛围较低时的中介效应值

(0.10),间接效应差值为 0.09,95% 置信水平下置信区间为 0.02 至 0.17,不包含 0,证实该差异具有显著性,假设 9-3 得以验证。换言之,当团队冲突较高时,徒弟中庸人格特质通过建言行为影响其工作幸福感的正向效应更强。

表 9.3 中 M6 显示,中庸人格特质和团队建言氛围的交互项与建言行为负相关($\beta = -0.20$, $p < 0.01$)。由此可见,当团队建言氛围较好时,徒弟中庸人格特质与其建言行为间的正向关系被弱化,故假设 9-4b 被支持、假设 9-4a 被拒绝。

进一步运用 Bootstrap 技术检验有调节的中介效应。由表 9.6 可知,当团队建言氛围较高时,建言行为在徒弟中庸人格特质与其幸福感关系间的中介效应值(0.10)小于团队建言氛围较低时的中介效应值(0.18),间接效应差值为 -0.09,在 95% 置信水平下的置信区间为 -0.17 至 -0.02,不包含 0,证实该差异具有显著性,假设 9-4b 得以验证,假设 9-4a 被拒绝。可见,当团队建言氛围较高时,徒弟中庸人格特质通过建言行为影响工作幸福感的正向效应被弱化。

表 9.4　总效应、直接效应、中介效应分解表

	效应值	Boot.标准误	Boot.CI 下限	Boot.CI 上限	效应占比
总效应	0.42	0.06	0.30	0.54	100%
直接效应	0.28	0.07	0.15	0.41	67.31%
中介效应	0.14	0.04	0.07	0.23	32.69%

表 9.5　团队冲突氛围的有调节的中介效应

	团队冲突	效应值	Boot.标准误	Boot.CI 下限	Boot.CI 上限
间接效应	低(M − 1SD)	0.10	0.04	0.04	0.18
	高(M + 1SD)	0.18	0.05	0.10	0.29
	差异	0.08	0.04	0.02	0.17

表 9.6　团队建言氛围的有调节的中介效应

	团队建言氛围	效应值	Boot.标准误	Boot.CI 下限	Boot.CI 上限
间接效应	低(M − 1SD)	0.18	0.05	0.10	0.30
	高(M + 1SD)	0.10	0.04	0.04	0.19
	差异	−0.08	0.04	−0.17	−0.02

本章小结

本章在企业学徒制项目下探讨了徒弟中庸人格特质对自身工作幸福感的作用机制与边界条件，具体假设汇总如表 9.7 所示。通过实证分析发现：第一，徒弟中庸人格特质对自身工作幸福感具有积极效应(假设 9-1)；第二，徒弟建言行为在这一正向机制中具有中介效应(假设 9-2)；第三，团队冲突对这一中介机制具有正向调节效应(假设 9-3)，团队建言氛围具有负向调节效应(假设 9-4b)。

表 9.7　本章研究假设汇总

研究假设	验证
假设 9-1：员工中庸人格特质与其工作幸福感呈正相关关系	支持
假设 9-2：徒弟建言行为在其中庸人格特质与工作幸福感之间具有中介效应	支持
假设 9-3：团队冲突正向调节徒弟中庸人格特质与其建言行为之间的正向关系	支持
假设 9-4b：团队建言氛围在员工中庸人格特质与建言行为之间起负向调节作用	支持

第十章　研究结论与展望

第一节　研究结论

本书采用实证研究范式从人格特质视角对制造业企业新型学徒制项目的影响因素和作用效果展开研究,试图在东西方主流人格特质理论的支撑下为中国制造业企业新型学徒制项目提供基于实证结果的理论指导与实践参考。首先,依据国情特征明确研究问题(第一章),通过对文献进行梳理奠定理论基础(第二章),并通过数据收集和实证方法论述奠定数据基础和技术基础(第三章)。之后,针对不同研究主题开展实证研究,检验了所构建的直接效应、中介效应、调节效应、链式中介效应和有调节的中介效应等内容(第四章至第九章)。其中,第四章和第五章立足西方主流人格特质理论——主动性人格特质,探索了师徒双方主动性人格特质的交互效应对徒弟职业呼唤和主动性行为的作用机制;第六章和第七章立足中国特色人格特质理论——谦逊人格特质,探索师傅谦逊人格特质对徒弟上谏行为的作用机制,分别构建了链式中介模型和有调节的中介模型;第八章和第九章则选择徒弟工作幸福感作为制造业企业学徒制项目有效性的衡量标准,探索在不同团队氛围下有效学徒制项目对徒弟工作幸福感的作用机制与边界条件。

以上各研究实证结果如表 10.1 所示。

表 10.1 研究假设及结论汇总

章节	假设	结果
第四章	假设 4-1：徒弟主动性人格特质正向影响其职业呼唤	支持
	假设 4-2：徒弟主动性人格特质通过诱发师傅指导行为进而促进自身职业呼唤的形成	支持
	假设 4-3：师傅主动性人格特质会正向调节徒弟主动性人格特质与职业呼唤的中介机制。即，师徒主动性人格特质的交互效应以师傅指导行为为中介，影响徒弟职业呼唤。当师傅具有高主动性人格特质时，徒弟的高主动性人格特质能得到更多的师傅指导行为，进而对徒弟职业呼唤的正向影响更为显著	支持
第五章	假设 5-1：徒弟主动性人格特质正向影响其主动性行为	支持
	假设 5-2：徒弟主动性人格特质通过提升心理授权实现对主动性行为的实施	支持
	假设 5-3：师傅主动性人格特质会正向调节徒弟主动性人格特质与主动性行为的中介机制。即，师徒主动性人格特质的交互效应以徒弟心理授权为中介，影响徒弟职业呼唤。当师傅具有高主动性人格特质时，徒弟的高主动性人格特质会呈现更高水平的心理授权，进而对徒弟主动性行为的正向影响更为显著	支持
第六章	假设 6-1：师傅谦逊对徒弟上谏具有正向影响	支持
	假设 6-2：徒弟职业呼唤在师傅谦逊与徒弟上谏之间起到中介作用	支持
	假设 6-3：徒弟建言效能感在师傅谦逊与徒弟上谏之间起到中介作用	支持
	假设 6-4：师傅谦逊人格特质对徒弟上谏行为的影响是先通过徒弟职业呼唤后影响徒弟建言效能感这一链式中介机制实现的	支持
第七章	假设 7-1：师傅谦逊人格特质正向影响徒弟上谏行为	支持
	假设 7-2：师傅谦逊人格特质通过增强徒弟对师傅的喜爱程度为进一步促进徒弟上谏行为	支持
	假设 7-3：徒弟主动性人格特质会正向调节师傅谦逊人格特质与徒弟上谏行为的正向中介机制。即，师傅谦逊人格特质与徒弟主动性人格特质的交互效应以徒弟对师傅的喜爱为中介，影响徒弟上谏行为。对主动性人格特质较高的徒弟而言，越谦逊的师傅越能赢得自己的喜欢，进而更易诱发上谏行为	支持
第八章	假设 8-1：师傅指导行为对徒弟工作幸福感具有积极的促进效应	支持

（续表）

章节	假设	结果
第八章	假设 8-2：师傅指导行为通过提升徒弟职业呼唤而实现对工作幸福感的提升	支持
	假设 8-3：团队关系冲突在师傅指导行为与徒弟职业呼唤中具有 U 型调节作用。即，师傅指导性与团队关系冲突的交互效应以徒弟职业呼唤为中介，影响徒弟工作幸福感。当团队关系冲突处于较低和较高水平时，师傅指导行为能够更强地促进徒弟形成职业呼唤，进而提升工作幸福感	支持
第九章	假设 9-1：员工中庸人格特质与其工作幸福感呈正相关关系	支持
	假设 9-2：徒弟建言行为在其中庸人格特质与工作幸福感之间具有中介效应	支持
	假设 9-3：团队冲突正向调节徒弟中庸人格特质与其建言行为之间的正向关系。即，徒弟中庸人格特质与团队冲突氛围的交互效应以徒弟建言行为为中介，影响徒弟工作幸福感。对处于团队冲突氛围较强的徒弟而言，其中庸人格特质越强，越能通过实施员工建言行为实现工作幸福感的提升	支持
	假设 9-4b：团队建言氛围在员工中庸人格特质与建言行为之间起负向调节作用。即，徒弟中庸人格特质与团队建言氛围的交互效应以徒弟建言行为为中介，影响徒弟工作幸福感。对处于团队冲突氛围较强的徒弟而言，其中庸人格特质越强，越难以通过实施员工建言行为实现工作幸福感的提升	支持

第二节 理论贡献与价值

本书聚焦制造业企业学徒制项目的有效性，以人格特质理论为基础，针对不同的研究问题构建了 6 个理论模型。整体研究意义和理论贡献已在绪论中论述，故而在本节将针对各子研究的理论贡献与学术价值分别进行讨论。

一、师徒主动性人格特质与徒弟职业呼唤

第四章构建了以徒弟主动性人格特质为自变量，以徒弟职业呼唤为

因变量，以师傅指导行为为中介变量，以师傅主动性人格特质为调节变量的有调节的中介模型。该研究的研究结论具有以下意义与价值。

(1) 师傅指导行为能够显著促进徒弟职业呼唤的构建。关于员工职业呼唤的前因变量研究多集中于从宗教信仰、工作兴趣、职业认知等方面展开(史珈铭等，2018；田喜洲等，2012；Duffy 等，2011)。与之不同的是，第四章从企业学徒制项目入手，提出并证实了师傅指导行为能促进徒弟职业呼唤的形成。这是 Kram 及合作者(Kram，1988；Kram 和 Isabella，1985)提出"师徒关系"的核心逻辑，即通过学徒制项目的构建，帮助徒弟获得职业知识、素养和认知，实现其职业生涯的顺利发展。这一机制的验证，既完善了学徒制及师徒关系的后效研究，亦为解释员工职业呼唤的形成机理提供了新经验并回应 Duffy 和 Dik(2013)"职业呼唤研究应强化理论导向"的呼吁。

(2) 徒弟主动性人格特质对师傅指导行为的正向作用。作为企业人力资源开发的重要手段，学徒制项目由来已久，但构建有效学徒制项目的认知仍不完整且存在失调现象(崔琦和何燕珍，2019)。第四章从主动性人格特质理论出发，从徒弟主动性人格特质视角证实了自身所具备的主动性人格特质对师傅指导行为的作用效果。与主动性人格特质理论(Thomas 等，2010)的核心观点一致，在高不确定性的组织环境中，高主动性人格特质个体会采取主动行为适应、改造并利用外界环境实现自身的目的与价值。这一研究假设的证实，一方面提供了学徒制项目和师徒关系前因研究的新视角，亦为后续探索主动性人格特质的后效研究提供了新的运用场景。

(3) 师傅主动性人格特质的调节效应。构建并维持和谐关系是行为双方的共同责任，高主动性人格特质的徒弟并不一定能够有效触发师傅指导行为，还依赖于师傅是否具有高主动性人格特质。在高主动性人格特质的师傅场景下，徒弟主动性人格特质的提升会造成更显著的师傅指导行为的发生。结合师傅指导行为的中介效应，师傅主动性人格特质的调节作用进一步表现为有调节的中介效应，即师徒双方的主动性人格特质的交互以师傅指导行为为中介实现对徒弟职业呼唤的影响。与以往仅考虑中介或调节效应的模型比较，本研究通过构建有调节的中介效应，能更加深入、全面地揭示职业呼唤的形成机理与边界条件。

二、师徒主动性人格特质与徒弟主动性行为

第五章基于工作要求—资源模型构建了以徒弟主动性人格特质为自变量，以徒弟心理授权为中介变量，以徒弟主动性行为为因变量，以师傅主动性人格特质为调节效应的有调节的中介模型。该研究结论具有以下理论价值。

(1) 主动性人格特质会导致主动性行为的提升，这一正向机制是通过心理授权的增强实现的。以往的研究因主动性行为在改善员工知识、能力和技能(杜恒波等，2019)、实现团队目标及优化组织决策(易明等，2018)、提高组织效率及组织柔性(Frese 等，2007)等方面的积极效应而引发了学者的大量探索。人格特质作为学者在探索主动性行为的前因变量的关注焦点，从主动性人格特质视角出发的研究已基本取得共识，但研究结论并不一致：有部分研究证实了主动性人格特质与主动性行为的正向关系，但仍有研究并未发现这一积极效应。因此，一方面需要进一步对两者的关系开展研究并提供新的证据，另一方面有必要通过探索两者间的内在机制与边界条件以便确认出现研究结论矛盾的根本原因。鉴于此，第五章聚焦制造业企业学徒制场景，证实了徒弟主动性人格特质对其主动性行为的影响是通过提升心理授权实现的，这一正向中介机制能够被师傅主动性人格特质所增强。不但厘清了主动性人格特质与主动性行为的内在作用机制，而且也明晰了社会场景中他人的主动性人格特质对这一机制的影响效果。

(2) 虽然企业学徒制项目有效性研究得到了学者的广泛探索，但鲜少有人以工作要求—资源(JD-R)模型为基础开展研究。第五章在理论层面上论证了主动性行为作为一种高要求的工作行为，其实施有赖于个体、心理和社会资源的支撑。鉴于此，第五章将主动性人格特质作为徒弟的个体资源、将心理授权作为其心理资源、将师傅主动性人格特质作为其社会资源，探索了 3 类不同的资源对主动性行为实施的影响效果。一方面为未来研究探索企业学徒制项目有效性提供新的理论视角，另一方面也为检验工作要求—资源模型提供了基于企业学徒制项目的经验数据。

三、师傅谦逊与徒弟上谏：链式中介模型

第六章基于社会认知理论构建了师傅谦逊人格特质对徒弟上谏行为的链式中介效应，检验了师傅谦逊人格特质通过先影响徒弟职业呼唤后影响徒弟建言效能感实现对其上谏行为的效能唤醒机制。该研究结论具有以下理论贡献。

(1) 本章立足于中国情境下探讨谦逊人格特质在管理与组织领域的有效性问题。目前已有的谦逊人格特质研究多集中于领导力领域且立足于西方组织背景，缺乏在中国情境下的广泛探索。为检验谦逊人格特质在跨文化管理中的适用性并回应谭乔予等(2018)的号召，本章在企业新型学徒制场景下检验了师傅谦逊人格特质对徒弟上谏行为的内在机制与边界条件，一方面为谦逊人格特质在中国组织中学徒制场景下的有效性研究提供实证数据，另一方面也为学徒制项目的有效性研究提供基于谦逊人格特质的切入视角。

(2) 本章以师傅谦逊人格特质为始，探索了其对徒弟上谏行为的效能唤醒机制。以往的研究多集中在人际交换与关系构建等视角(毛江华等，2017)，关于上谏行为的深层心理发生机制仍未取得共识。鉴于此，本章试图从理论层面构建上谏行为的效能唤醒机制以揭开师傅谦逊人格特质对徒弟上谏行为的"黑箱"机制。具体而言，为明晰在上谏行为实施前徒弟内在的决策机制，本章将职业呼唤视为浅层身心状态，将建言效能感视为深层认知状态，构建了师傅所具备的谦逊人格特质通过刺激较易受到影响的浅层身心状态(即职业呼唤的形成)后唤醒难以形成的深层认知状态(即建言效能感)这一效能唤醒机制。在此基础上，通过实证研究验证了徒弟职业呼唤与建言效能感在师傅谦逊与徒弟上谏之间发生的链式中介效应，解释并细化了师傅谦逊人格特质对徒弟心理、行为产生影响的内在机制，一方面有助于明晰组织与管理研究中行为决策前的连续内在心理演进过程，另一方面也丰富了徒弟上谏行为的前因研究，拓展了谦逊人格特质与上谏行为的理论版图。

四、师傅谦逊与徒弟上谏：有调节的中介模型

第七章以师傅谦逊人格特质为前因变量，以徒弟上谏行为为结果变量，以徒弟对师傅的喜爱作为中介变量，以徒弟的主动性人格特质作为调节变量，构建并检验了一个有调节的中介模型。该研究的理论意义如下。

(1) 本章超越传统交换关系视角，将"徒弟对师傅的喜爱"作为中介变量切入企业学徒制项目和师徒关系有效性的相关研究，为未来研究提供了一个新的理论视角。之前的研究往往以社会交换理论为基础关注师徒双方基于利益的交换关系(曾颢和赵曙明，2017)，较少涉及其他维度。然而，师徒关系的构建、发展与演化并非仅依赖于利益交换关系，尤其是在"尊师重道"的中国组织情景之中，必然还存在情感关系、共生关系等。本章所关注的徒弟对师傅的喜爱正是重要的情感维度之一。在企业新型学徒制项目中，即便上谏行为具有潜在的人际风险和消极后果，徒弟依旧会因对师傅的喜爱而甘愿冒险做出对师傅有利的行为(毛江华等，2017)。

(2) 本章从人际互动视角探索特质激活理论(Tett 等，2021)中人格特质补偿和互补的影响机制及效应，为揭示谦逊人格特质在当代组织与管理情境的有效性问题提供新证据。以往的研究大多关注谦逊人格特质对工作绩效、领导力涌现的影响(Owens 等，2013)，不仅缺乏对师徒关系的探索，亦缺乏对其内在作用机制与边界条件的深入探索。鉴于此，本章发现了师傅谦逊人格特质因其正确认知自我、公平评价他人贡献与价值且具有较强可教性等行为倾向，能够显著提升徒弟对师傅的喜爱程度，这一情感关系的提升有助于促使徒弟更有意愿实施上谏这种组织公民行为。

(3) 本章在企业学徒制项目背景下补充了徒弟上谏行为及建言行为的前因变量研究。以往的研究大多从单一维度的特质与风格角度分析上谏行为的影响因素(周浩和刘安，2019)，本章站在人际互动视角，发现了师傅谦逊人格特质与徒弟主动性人格特质的交互效应对徒弟上谏行为的作用效果，并且识别了"徒弟对师傅的喜欢"这一人际吸引维度的

内在影响机制。

五、师傅指导行为与徒弟工作幸福感

第八章为探索企业新型学徒制项目对徒弟工作幸福感的影响效果及作用机制,以资源保存理论为基础,构建了以师傅指导行为为自变量,以徒弟工作幸福感为因变量,以徒弟职业呼唤为中介变量,以团队关系冲突为调节变量的 U 型调节的中介模型。该研究具有如下理论贡献。

(1) 本章揭示了师傅指导行为对徒弟工作幸福感的重要作用路径。当前的研究大多基于社会认同、社会交换理论探究师傅指导行为对员工认知、情绪和行为的作用效果(张征,2016),揭示了师傅指导行为影响徒弟的工作投入度、工作满意度、工作创新等工作结果的影响机制(Lechuga,2014)。以上研究虽然奠定了理论基础,但是主要都集中于讨论师傅指导行为对组织的利好结果,鲜少有学者探索其对个体心理和情绪的作用效果。为此,本章积极响应了 Kao 等(2014)等倡议整合企业学徒制研究和员工幸福感研究,丰富了师傅指导行为的后效研究。同时,当前研究多基于领导风格和人格特质视角探索个体幸福感的提升效应(胡婧等,2019;Meyer 和 Maltin,2010),仍缺乏类似于企业学徒制等企业人力资源管理实践的切入。近年来,有学者开始尝试探索了诸如支持型人力资源管理实践(陈建安等,2018)等对工作幸福感的作用机制。鉴于此,本章研究结论拓展了工作幸福感的前因变量研究,补充了以"企业新型学徒制项目"为代表的制度化管理实践对工作幸福感的影响效果与作用机制。

(2) 本章基于资源保存理论揭示了师傅指导行为通过职业呼唤对徒弟工作幸福感的影响效果与作用机制。以往的研究大多从工作兴趣、职业认知等角度切入师傅指导行为与员工工作结果的中介机制(田喜洲等,2012;Duffy 和 Dik,2013),尚未明晰员工自我心理需求的满足对其工作幸福感的作用机制。鉴于此,本章聚焦职业呼唤这一构念,探索徒弟职业呼唤在师傅指导行为对徒弟工作幸福感的中介效应。具体来说,师傅通过为徒弟提供职业指导、心理支持和角色榜样等支持性资源,提高徒弟的工作能力、增强其职业认同、使其获知工作意义等,从而有助于实现职业呼唤的提升与增强。本章研究一方面提供了职业呼唤前因研究的新视角，另一方面为工作幸福感的实现提供了一个新思路。

(3) 本章从组织成员关系角度识别了师傅指导行为影响徒弟工作幸福感的边界机制。以往的研究从领导认同(宋孜宇，2019)、领导成员交换(魏华飞等，2019)、个体特征(叶龙等，2020)等角度探索了对这一机制的调节效应。鉴于此，本章从团队冲突氛围视角出发，探索了在不同程度的团队成员关系冲突下师傅指导行为通过影响徒弟职业呼唤对其工作幸福感的不同作用效果。经实证研究发现，当团队冲突处于较低或较高水平时，师傅指导行为对徒弟工作幸福感的中介作用机制更为显著；但当团队冲突处于中等水平时，师傅指导行为对徒弟工作幸福感的中介作用机制则相对较弱。

六、徒弟中庸人格特质与工作幸福感

延续第八章的研究目的，第九章继续在学徒制项目场景下探索徒弟工作幸福感的前因变量及影响机制。为此，本章构建了以徒弟中庸人格特质为自变量，以徒弟工作幸福感为因变量，以徒弟建言行为为中介变量，以团队关系冲突和团队建言氛围为调节变量的有调节的中介模型。该研究具有如下研究贡献。

(1) 本章立足中国制造业企业学徒制项目探究徒弟中庸人格特质和工作幸福感间的内在机制。以往的学者在中国传统背景下探索相关要素对幸福感的影响效果与作用机制时多从心理学视角切入，组织与管理实践背景下的研究尚不多见。鉴于此，本章回应黄亮(2014)和孙健敏等(2016)的建议，在中国情景下验证企业学徒制项目对员工幸福提升的有效性问题。有研究发现，徒弟中庸人格特质对其幸福感的提升具有正向效应，根源在于，无论是中庸人格特质还是传统思维下的幸福内涵，均强调着与自我、与他人、与世界的和谐一致，两者在本源上具有高度的相似性。本章研究有助于丰富在中国文化与思维下组织与管理领域对幸福感研究的探索框架。

(2) 本章有别于以往的研究范式，将员工建言行为作为中介机制探索其在徒弟中庸人格特质与其幸福感之间的作用机制。以往的研究通常是以"个体特质—认知或感知—幸福感"范式展开探索(杜旌和刘芳,2014;刘超和付金梅,2012;龙立荣和陈琇霖,2021),或将个体行为视为对其幸福感的前因变量(刘林等,2020;宋一晓等,2019)。与以往的研究不一样,本章将徒弟建言行为这一主动性创新行为作为中介变量,构建了"个体特质—个体行为—幸福感"的理论模型,一方面更为重视个体员工的主观能动性,另一方面也更加贴合组织管理实践,构建了更为系统且完整的研究模型。

(3) 本章基于社会认知理论引入了"人格特质(中庸人格特质)"和"工作行为(员工建言行为)"探索工作幸福感的提升机制,并将团队冲突氛围和团队建言氛围两个环境变量纳入理论以讨论其对该提升机制的调节效应。该研究一方面是对西方经典组织行为学理论在中国本土数据的检验,另一方面又响应了郑晓明和王倩倩(2016)的建议,采用多层面范式对员工幸福感展开研究。有趣的是,研究结论发现,当团队建言氛围处于较高水平时,意味着团队及其成员皆处于鼓励且认可建言行为的良好状态。但对于中庸人格特质的员工而言,这种良好团队氛围反而会抑制员工建言行为的实施。

第三节　管理建议与启示

在整合了以上研究结论与研究意义后,本书所形成的研究结论具有以下管理建议与实践启示。

(1) 构建员工职业呼唤、降低人员流失的关键不仅仅在于满足员工的物质性需要,更重要的是重视满足员工的职业发展需求,特别是针对物质资源富足的新生代员工而言更是如此。企业学徒制项目是针对这一需求而开展的企业实践,能通过从职业发展指导、社会心理支持和角色楷模示范等维度帮助经验不足的员工获取工作所必需的知识和技能、解决其在工作场所和职业发展路径上的困惑与瓶颈并帮助其构建组织内外部社会网络。然而,并非所有的学徒制项目都能够实现如此效果。企业在构建学徒制项目、挑选师傅人选时不仅应其考虑师傅所具有的知识、技术等能力因素，还应该关注其性格特征、行为倾向等动机维度。举例而言，企业在构建师徒配对时，当师徒双方都具备高水平主动性人格特质时，能更有效地实现学徒制项目的预期目标，通过诱发师傅开展更多的指导行为实现徒弟职业呼唤的提升。另外，在选择师傅时还应该关注对谦逊人格特质的筛选与重视，一方面该人格特质能够有效实现员工主动性、创新性行为的效能唤醒，另一方面也能够通过提升徒弟对师傅的喜爱程度而开展这些主动的、利组织的行为。

(2) 人格特质作为个体差异的重要维度，其不仅决定了个体自身工作绩效的好坏，还会影响周遭关系的认知、情绪和工作结果。因此，对于企业而言，提供基于人格特质的相关培训和基于人格特质开展管理活动至关重要。就人格特质培训而言，在当前知识经济时代强调知识和能力的多元化，企业管理者的人格特质将影响成员、团队和组织的行为和绩效等。传统强势(命令型、指派型或利用型)师傅已难以适应 VUCA 时代对"自下而上""万众创新"的需求，企业可以利用谦逊人格特质培训等手段充分发挥和激活广大员工的无限潜力，实现内部和谐与绩效提升的目的。Nielsen 等(2013)证实谦逊人格特质是可以通过培训手段习得和增强的。有研究发现，师傅谦逊人格特质可以促进徒弟上谏行为与团队融合，避免因个人认知和能力的局限阻碍了企业的发展。因此，为了企业的健康发展，促进企业新员工更好地融入组织文化之中，提倡企业定期开展师傅的胜任培训，优化企业学徒制项目的实践应用。

就人格特质管理实践而言，研究证实了中庸人格特质的徒弟能够通过实施建言行为而实现员工幸福感的提升，但是团队建言氛围这一理论上会促进建言行为实施的良好氛围却会弱化这一积极效应。在中国企业这种以儒家思想文化为主流的工作环境中，几乎所有的员工都受到了中庸思想的熏陶而呈现出一定程度的中庸人格特质倾向。因此，在管理实践的过程中，应重视在西方管理情境下具有积极效应的管理实践和举措在中庸人格特质下可能存在的效用偏离和失调。举例而言，在管理过程中不应一味消除团队冲突或营造和谐假象，而应当允许适度团队冲突的存在，尤其是在团队发展陷入瓶颈期时更应该尝试打破平衡，制造团队内部的适度冲突与矛盾，从而激发员工更多地参与意见表达。

(3) 企业在管理的过程中不仅应当关注个人特质的影响，还需要重视员工在职场和工作中的认知和情绪状态。本书研究发现，师傅或徒弟的人格特质对师徒制项目有效性具有重要影响，且这一影响是通过徒弟的职业呼唤、心理授权、对师傅的喜爱等认知与情感状态实现的。第七章深入认知和情感维度进一步论述了师傅谦逊人格特质对徒弟浅层身心状态的职业呼唤、深层认知状态的建言效能感而实现对徒弟上谏行为的促进和诱发。因此，对于制造业企业而言，不仅需要建立起制度化的管理项目、举措和流程，更需要关注于员工个体需求运用的差异化、个性化的管理手段实现对员工"心"的管理和激活。比如，定期开展工作进展和绩效反馈，帮助员工实现对工作岗位和组织价值观的匹配，广泛开展多元化的团建活动帮助员工实现社会化融合等。

第四节　研究局限与展望

本书在企业新型学徒制项目背景下试图从人格特质视角切入学徒制项目和师徒关系有效性的相关问题，针对不同的研究目的构建并实证检验了6个理论模型。虽然本书在理论层面上展开了一些研究，对实践管理提供了一些启示，但仍存在一定的不足与局限。第一，样本选择较为单一，由于企业学徒制在传统企业中较为常见，因此本书选择3家河北省制造业企业作为研究样本，研究结论对其他类型企业的适用性及推广价值仍待进一步检验。因此，未来的研究在构建更科学精准的测量工具的同时，可以进一步扩大取样组织与取样区域以更加严谨地阐明企业新型学徒制项目的有效性问题。第二，尽管问卷设计采用的是配对的方式，减少了共同方法偏差，但是师傅和徒弟均在同一时间填写问卷，仍属于横截面数据。未来的研究可以采用多时点纵向研究范式收集数据，探索在企业学徒制项目中师傅和徒弟双方相关因素对项目实施目标的长期动态影响及其演化趋势。第三，本书聚焦人格特质理论揭示企业学徒制项目有效性的内在机制和边界条件，但影响其有效性的要素可能并不仅仅是人格特质，可能还存在其他重要中介与调节变量。因此，未来可以尝试整合其他理论(归因理论、自我决定理论等)进一步探索企业新型学徒制的相关问题。

参考文献

[1] 蔡地，刘佳，王海悦. 导师指导对"90后"新员工组织幸福感的作用机制研究[J]. 管理学报，2019，16(4)：514-521+54.

[2] 蔡地，许瑞冰，刘佳，等. 上下级主动性人格匹配对员工工作幸福感的影响及其作用机制[J]. 外国经济与管理，2020，42(1)：85-98.

[3] 蔡霞，耿修林. 基于自我保护动机的内隐建言信念对员工沉默的影响——一项中国情境的研究[J]. 科学学与科学技术管理，2016，37(10)：153-163.

[4] 蔡永红，申晓月，李燕丽. 基本心理需要满足、自我效能感与教师教学专长发展[J]. 教育研究，2018，39(2)：103-111.

[5] 曹霞，瞿皎姣. 资源保存理论溯源、主要内容探析及启示[J]. 中国人力资源开发，2014(15)：75-80.

[6] 曹元坤，秦峰，张焱楠. 谦逊型领导的负面效应研究——基于社会认知理论的视角[J]. 当代财经，2021，42(3)：78-87.

[7] 曾颢，赵李晶，何光远，等. 师徒制促进知识型员工组织社会化双案例研究[J]. 管理案例研究与评论，2021，14(1)：1-19.

[8] 曾颢，赵李晶，赵曙明. 指导关系对徒弟主动性行为的影响机制研究：工作繁荣和学习目标导向的作用[J]. 预测，2019，38(4)：10-16.

[9] 曾颢，赵曙明. 企业师徒制中介机制理论视角的述评与未来展望[J]. 经济与管理研究，2017，38(12)：130-140.

[10] 陈诚，廖建桥，文鹏. 基于 ERG 理论的企业导师知识共享管理策略研究[J]. 图书情报工作，2011，55(16)：99-102+110.

[11] 陈诚，文鹏，舒晓兵. 多水平导师指导行为对员工结果的影响机制[J]. 心理科学进展，2015，23(4)：554-561.

[12] 陈建安，陈明艳，金晶. 支持性人力资源管理与员工工作幸福感——基于中介机制的实证研究[J]. 外国经济与管理，2018，40(1)：79-92.

[13] 陈建勋，凌媛媛，刘松博. 领导者中庸思维与组织绩效:作用机制与情境条件研究[J]. 南开管理评论，2010(2)：132-141.

[14] 陈乐妮，王桢，骆南峰，等. 领导-下属外向性人格匹配性与下属工作投入的关系：基于支配补偿理论[J]. 心理学报，2016，48(6)：710-721.

[15] 陈晓红，赵可. 团队冲突、冲突管理与绩效关系的实证研究[J]. 南开管理评论，2010，13(5)：31-35+52.

[16] 陈岩，陈忠卫，蒋兵. 中庸思维能够提升创业团队决策效果吗？——行为整合的中介作用[J]. 科学决策，2017(7)：85-104.

[17] 陈岩，綦振法，陈忠卫，等. 中庸思维对团队创新的影响及作用机制研究[J]. 预测，2018，37(2)：15-21.

[18] 陈永霞，贾良定，李超平，等. 变革型领导、心理授权与员工的组织承诺：中国情景下的实证研究[J]. 管理世界，2006(1)：96-105.

[19] 崔琦，何燕珍. 企业师徒制一定充满正能量吗？——失调性指导关系研究述评与展望[J]. 外国经济与管理，2019，41(8)：73-85.

[20] 戴佩华. 领导风格和团队冲突控制的实验研究[J]. 外国经济与管理，2018，40(2)：82-92.

[21] 戴万亮，路文玲. 责任型领导对员工责任式创新的涓滴效应——基于社会信息加工理论的解释[J]. 科学学与科学技术管理，2021，42(7)：121-138.

[22] 邓奔驰，黄思行，黄亮. 企业师徒制中负面指导经历:现状与展望[J]. 中国人力资源开发，2018，35(8)：50-63.

[23] 杜旌，段承瑶. 中庸影响个体的作用机制：基于任务和关系视角的研究[J]. 珞珈管理评论，2017，13(1)：81.

[24] 杜旌，刘芳. 平衡与和谐之美：中庸价值取向对员工幸福感影响实证研究[J]. 珞珈管理评论，2014(1)：27-37.

[25] 杜旌，穆慧娜，冉曼曼. 员工建言行为：前因和中介机制研究[J]. 武汉大学学报(哲学社会科学版)，2014，67(6)：33-41.

[26] 杜旌，裘依伊，尹晶. 中庸抑制创新吗？——一项多层次实证研究[J]. 科学学研究，2018，36(2)：378-384.

[27] 杜旌，冉曼曼，曹平. 中庸价值取向对员工变革行为的情景依存作用[J]. 心理学报，2014，46(1)：113-124.

[28] 杜旌，姚菊花. 中庸结构内涵及其与集体主义关系的研究[J]. 管理学报，2015，12(5)：638-646.

[29] 杜维明. 建构精神性人文主义——从克己复礼为仁的现代解读出发[J]. 探索与争鸣，2014(2)：4-10.

[30] 段锦云，曾恺，阎寒. 服务型领导影响员工建言的双重机制研究[J]. 应用心理学，2017，23(3)：210-220.

[31] 段锦云，杨静，朱月龙. 资源保存理论：内容、理论比较及研究展望[J]. 心理研究，2020，13(1)：49-57.

[32] 段锦云，张晨，田晓明. 员工建言行为的发生机制：来自领导的影响[J]. 中国人力资源开发，2016(5)：16-26.

[33] 方杰，温忠麟，张敏强，等. 基于结构方程模型的多重中介效应分析[J]. 心理科学，2014，37(3)：735-741.

[34] 方行明，曾小玲，杨万东. 从"制造大国"向"制造强国"的转型问题研究[J]. 理论探索，2021(6)：82-91.

[35] 傅家骥，雷家骕. 经济改革成功的基本标志：企业主动追求技术创新[J]. 价值工程，1995(6)：2-8.

[36] 高青松，李婷. "中国制造2025"研究进展及评述[J]. 工业技术经济，2018，37(10)：59-66.

[37] 高志强. 中庸的文化心理特征及其实践理路[J]. 心理科学，2021，44(4)：1018-1023.

[38] 韩翼，杨百寅. 师徒关系开启徒弟职业成功之门：政治技能视角[J]. 管理世界，2012(6)：124-132+188.

[39] 韩翼，周洁，孙习习，等. 师徒关系结构、作用机制及其效应[J]. 管理评论，2013，25(7)：54-66.

[40] 洪如玲，于强. 领导—下属互动视角下主动性人格对工作满意度的影响机制[J]. 华东经济管理，2017(3)：140-145.

[41] 胡婧，李超平. 道德型领导与下属工作幸福感关系研究[J]. 江西社会科学，2019，39(6)：221-227.

[42] 胡青，王胜男，张兴伟，等. 工作中的主动性行为的回顾与展望[J]. 心

理科学进展，2011，19(10)：1534-1543.

[43] 胡新平，廖冰，徐家运. 员工中庸思维、组织和谐与员工绩效的关系研究[J]. 西南大学学报(社会科学版)，2012，38(5)：166-172+176.

[44] 黄亮. 中国企业员工工作幸福感的维度结构研究[J]. 中央财经大学学报，2014(10)：84-92+112.

[45] 蒋文凯，贾良定，刘德鹏. 领导成员交换关系：中庸思维和高承诺工作系统的影响研究[J]. 珞珈管理评论，2016，11(1)：7.

[46] 景保峰. 威权领导对员工建言行为的影响：一个有中介的调节作用分析[J]. 领导科学，2015(11)：50-53.

[47] 郎淳刚，席酉民，郭士伊. 团队内冲突对团队决策质量和满意度影响的实证研究[J]. 管理评论，2007(7)：10-15+63.

[48] 雷星晖，单志汶，苏涛永，等. 谦卑型领导行为对员工创造力的影响研究[J]. 管理科学，2015，28(2)：115-125.

[49] 李超平，田宝，时勘. 变革型领导与员工工作态度：心理授权的中介作用[J]. 心理学报，2006，38(2)：297-307.

[50] 梁果，李锡元，陈思，等. 中庸思维的概念、测量及研究述评[J]. 珞珈管理评论，2012(2)：191-198.

[51] 梁彦清，刘伟鹏. 谦逊领导"知行合一"对团队主动变革行为的影响[J]. 华侨大学学报(哲学社会科学版)，2021(1)：64-75.

[52] 刘超，付金梅. 主管赋权使能与下属幸福感：互动公正的中介作用与"主人翁"角色的调节效应[J]. 软科学，2012，26(9)：106-109+119.

[53] 刘林，梅强，吴金南. 员工幸福感、工作应激与创新行为：感知组织支持的调节作用[J]. 科技进步与对策，2020，37(7)：145-151.

[54] 刘美玉，王季. 谦逊领导如何影响员工创造力？——员工归因和心理安全的双重视角[J]. 经济管理，2020，42(3)：102-116.

[55] 刘伟国，施俊琦. 主动性人格对员工工作投入与利他行为的影响研究——团队自主性的跨水平调节作用[J]. 暨南学报：哲学社会科学版，2015，37(11)：54-63.

[56] 刘泽双，丁洁. 制造业转型升级背景下技能人才胜任特征模型研究[J]. 软科学，2020，34(6)：136-144.

[57] 龙立荣，陈琇霖. 分享型领导对员工感知组织和谐的影响与机制研究

[J]. 管理学报，2021，18(2)：213-222.

[58] 楼旭明，董影，赵亚楠，等. 新生代员工内部人身份感知对创新绩效的影响——基于建言行为的中介作用[J]. 华东经济管理，2021，35(1)：45-53.

[59] 芦慧，杨芳，陈晴晴，等. 仁慈型领导对新生代员工创新行为的影响[J]. 软科学，2021，35(9)：81-87.

[60] 栾贞增，张晓东. 主动下属如何展现高水平创造力——领导谦逊的激活作用[J]. 科技进步与对策，2021，38(20)：1-8.

[61] 罗瑾琏，易明，钟竞. 双元领导对亲社会性沉默的影响[J]. 管理科学，2018，31(2)：105-119.

[62] 罗文豪，陈佳颖. 谦逊领导对员工助人行为的影响机制研究[J]. 当代财经，2020，41(5)：76-86.

[63] 罗晓梅. 我国创新驱动发展战略的理论基础和学术渊源[J]. 探索，2016(5)：5-11+2.

[64] 罗雪峰，沐守宽. 高中生感恩对心理幸福感的影响：领悟社会支持和基本心理需要的链式中介作用[J]. 心理科学，2017，40(4)：878-884.

[65] 毛江华，廖建桥，韩翼，等. 谦逊领导的影响机制和效应：一个人际关系视角[J]. 心理学报，2017，49(9)：1219-1233.

[66] 倪丹，林珈忻，郑晓明. 员工自恋与角色外行为的关系——一个被调节的中介模型[J]. 软科学，2021，35(9)：75-80.

[67] 牛莉霞，刘勇. 双元领导的双刃剑效应:矛盾体验与中庸思维的作用[J]. 中国人力资源开发，2021，38(3)：63-73.

[68] 潘安成，刘泱君. 尊卑有序与中国传统企业师徒制知识传承——以中华老字号"杏花村"汾酒集团为例[J]. 南开管理评论，2020，23(5)：171-182.

[69] 钱津. 创新驱动：中国实现工业化的模式转换——基于企业与教育视角的探析[J]. 管理学刊，2017，30(3)：1-9.

[70] 卿涛，刘崇瑞. 主动性人格与员工建言行为：领导-成员交换与中庸思维的作用[J]. 四川大学学报：哲学社会科学版，2014(1)：127-134.

[71] 沈雪萍，顾雪英. 大学生主动性人格与职业决策困难的关系：职业自我效能和职业使命感的中介作用[J]. 心理学探新，2018，38(6)：

546-550.

[72] 沈伊默，马晨露，白新文，等. 辱虐管理与员工创造力：心理契约破坏和中庸思维的不同作用[J]. 心理学报，2019，51(2)：238-247.

[73] 史珈铭，赵书松，吴俣含. 精神型领导与员工职业呼唤——自我决定理论视角的研究[J]. 经济管理，2018，40(12)：138-152.

[74] 宋一晓，王甜，曹洲涛. 工作需求与家庭支持型主管行为对员工幸福感的双路径影响[J]. 企业经济，2019，38(12)：96-102.

[75] 宋孜宇. 将创新内化为责任：变革型领导激发员工创新行为的新路径——一个有调节的中介模型[J]. 经济与管理研究，2019，40(10)：132-144.

[76] 孙海法，程贯平，刘海山. 经营管理价值观异质性对冲突与绩效的影响——基于 123 个高管团队的实证研究[J]. 东北大学学报(社会科学版)，2011，13(4)：300-306.

[77] 孙健敏，李秀凤，林丛丛. 工作幸福感的概念演进与测量[J]. 中国人力资源开发，2016(13)：38-47.

[78] 孙玺，李南，付信夺. 企业师徒制知识共享与转移的有效性评价[J]. 情报理论与实践，2013，36(7)：76-80.

[79] 孙旭，严鸣，储小平. 坏心情与工作行为：中庸思维跨层次的调节作用[J]. 心理学报，2014，46(11)：1704.

[80] 谭乔予，杨丽，张征，等. 谦逊型领导研究述评与展望[J]. 投资研究，2018，37(12)：132-144.

[81] 田立法，张光磊，席枫，等. 团队冲突、冲突缓解、凝聚力与团队绩效：一个纵向研究[J]. 科技进步与对策，2018，35(14)：113-121.

[82] 田喜洲，谢晋宇，吴孔珍. 倾听内心的声音：职业生涯中的呼唤研究进展探析[J]. 外国经济与管理，2012，34(1)：27-35+64.

[83] 田喜洲，左晓燕. 工作领域的呼唤研究新进展探析[J]. 外国经济与管理，2014，36(6)：60-69.

[84] 童俊，王凯，韩翼，等. 师傅面子需要对徒弟敬业度的影响——师徒关系与情绪智力的作用[J]. 科技进步与对策，2017，34(8)：140-146.

[85] 童俊，王凯，韩翼. 师徒关系如何影响徒弟职业成功[J]. 当代经济管理，2018，40(8)：61-69.

[86] 王惊，陈明，于桂兰. 威权式领导对强制性公民行为的影响研究——一个跨层调节模型[J]. 软科学，2019，33(6)：111-116.

[87] 王凯，韩翼. 企业师徒关系对徒弟工作活力与创新绩效的影响[J]. 科技进步与对策，2018，35(5)：147-153.

[88] 王瑞花，吕永波. 师徒制知识共享敌意的演化趋势研究[J]. 运筹与管理，2019，28(5)：182-189.

[89] 王永跃，段锦云. 政治技能如何影响员工建言：关系及绩效的作用[J]. 管理世界，2015(3)：102-112.

[90] 王永跃，葛菁青，柴斌锋. 伦理型领导影响员工建言的多重中介效应比较研究[J]. 心理科学，2017，40(3)：692-698.

[91] 魏华飞，汪章. 授权型领导对员工工作繁荣和创新行为的影响——领导成员交换的中介作用[J]. 北京化工大学学报(社会科学版)，2019(3)：1-6.

[92] 魏江茹. 中庸思维程度，知识共享与员工创新行为[J]. 经济管理，2019，41(5):88-104.

[93] 温忠麟，侯杰泰，张雷. 调节效应与中介效应的比较和应用[J]. 心理学报，2005(2)：268-274.

[94] 温忠麟，叶宝娟. 有调节的中介模型检验方法：竞争还是替补?[J]. 心理学报，2014，46(5)：714-726.

[95] 温忠麟，叶宝娟. 中介效应分析:方法和模型发展[J]. 心理科学进展，2014，22(5)：731-745.

[96] 温忠麟，张雷，侯杰泰. 有中介的调节变量和有调节的中介变量[J]. 心理学报，2006(3)：448-452.

[97] 邬欣言. 中庸理性与现代性困境：民间纠纷解决场域中实践逻辑的传统与转型[J]. 理论与改革，2017(2)：160-167.

[98] 吴海江. 正视中国传统文化对科学创新的负面作用[J]. 科学学与科学技术管理，2004(10)：31-35.

[99] 吴士健，高文超，权英. 差序式领导、创造力自我效能感对员工创造力的影响：中庸思维的调节作用[J]. 科技进步与对策，2021，38(17)：144-151.

[100] 谢俊，严鸣. 积极应对还是逃避？主动性人格对职场排斥与组织公民行为的影响机制[J]. 心理学报，2016，48(10)：1314-1325.

[101] 谢清伦，郗涛. 谦逊型领导与员工主动担责：角色宽度自我效能与目标导向的作用[J]. 中国软科学，2018(11)：131-137.

[102] 辛杰，屠云峰. 中国文化背景下的中庸型领导：概念、维度与测量[J]. 西南大学学报(社会科学版)，2020，46(4)：58-66+194.

[103] 徐小凤，高日光. 谦卑型领导的前因与结果：人格与组织政治知觉的作用[J]. 中国人力资源开发，2016(13)：22-27.

[104] 徐长江，陈实. 工作重塑干预：对员工工作自主性的培养[J]. 心理科学进展，2018，26(8)：1501.

[105] 许龙，高素英，刘宏波，等. 员工建言内涵、维度、动因及作用机理研究——基于整合视角[J]. 软科学，2016，30(9)：71-74.

[106] 杨芳，刘平青，何小海，等. 企业师徒关系对徒弟角色内行为的影响研究——基于组织支持感和徒弟知识共享的链式中介模型[J]. 软科学，2021，35(9)：100-105.

[107] 杨文圣，牟家增，李博文，等. 主动性人格与员工行为的关系：政治技能视角下有中介的调节模型[J]. 心理科学，2019，42(6)：1448-1454.

[108] 杨椅伊，贾良定，刘德鹏. 感知成员间深层次差异对员工建言行为的影响：感知涌现状态的机制研究[J]. 经济管理，2017，39(4)：97-112.

[109] 杨英，龙立荣. 西方指导关系的理论概述[J]. 心理科学进展，2006(3)：450-455.

[110] 杨中芳. 传统文化与社会科学结合之实例：中庸的社会心理学研究[J]. 中国人民大学学报，2009，23(3)：53-60.

[111] 姚艳虹，范盈盈. 个体—组织匹配对创新行为的影响——中庸思维与差序氛围的调节效应[J]. 华东经济管理，2014，28(11)：123-127.

[112] 叶龙，刘园园，郭名. 传承的意义：企业师徒关系对徒弟工匠精神的影响研究[J]. 外国经济与管理，2020，42(7)：95-107.

[113] 于海波，侯悦，何雪梅. 主动性人格与职业成功关系研究——领导—成员交换关系中生涯适应力的作用[J]. 软科学，2016，30(7)：78-80+85.

[114] 袁凌，易麒，韩进. 谦卑型领导对下属沉默行为的影响机制研究[J]. 软科学，2016，30(11)：96-100.

[115] 袁庆宏，王双龙. 心理授权与主动性人格对个体创新行为的影响研

究[J]. 当代财经，2010(11)：69-76.

[116] 张德胜，金耀基，陈海文，等. 论中庸理性：工具理性、价值理性和沟通理性之外[J]. 社会学研究，2001(2)：33-48.

[117] 张光曦，古昕宇. 中庸思维与员工创造力[J]. 科研管理，2015，36(S1)：251-257.

[118] 张军伟，龙立荣. 服务型领导对员工人际公民行为的影响：宽恕氛围与中庸思维的作用[J]. 管理工程学报，2016(1)：43-51.

[119] 张双才，刘松林. 我国先进制造业创新驱动要素供给机制的完善研究[J]. 科学管理研究，2021，39(1)：69-75.

[120] 张振刚，余传鹏. 主动性人格、知识分享与员工创新行为关系研究[J]. 管理评论，2016，28(4)：123.

[121] 张征. 下属-主管匹配与员工的工作幸福感：领导-成员交换和政治技能的作用[J]. 心理科学，2016，39(5)：1204-1209.

[122] 赵志裕. 中庸思维的测量：一项跨地区研究的初步结果[D]. 2000.

[123] 郑晓明，王倩倩. 伦理型领导对员工助人行为的影响:员工幸福感与核心自我评价的作用[J]. 科学学与科学技术管理，2016，37(2)：149-160.

[124] 周浩，刘安妮. 下属为何进谏上司：基于主管可信度视角的分析[J]. 管理工程学报，2019，33(2)：36-41.

[125] 周晖，夏格，邓舒. 差错管理气氛对员工创新行为的影响——基于中庸思维作为调节变量的分析[J]. 商业研究，2017(4)：115-121.

[126] 周霞，李铁城. 职业呼唤能否带来员工的创新？ 知识型员工职业呼唤对创新行为的影响——组织支持感的调节作用[J]. 科技管理研究，2018，38(23)：123-130.

[127] 朱健，李颖凤. 谦逊领导与员工建言：一个双路径模型[J]. 湘潭大学学报(哲学社会科学版)，2018，42(3)：80-87.

[128] 邹琼，佐斌，代涛涛. 工作幸福感：概念、测量水平与因果模型[J]. 心理科学进展，2015，23(4)：669-678.

[129] 邹琼. 主观幸福感与文化的关系研究综述[J]. 心理科学，2005(3)：632-633+631.

[130] 左玉涵，谢小云. 组织行为领域情绪作用机制研究回顾与展望[J].

外国经济与管理，2017，39(8)：28-39.

[131] ALLEN T D, EBY L T, POTEET M L, et al. Career benefits associated with mentoring for proteges: A meta-analysis[J]. Journal of Applied Psychology, 2004, 89(1): 127-136.

[132] ALLEN T D, O'BRIEN K E. Formal mentoring programs and organizational attraction[J]. Human Resource Development Quarterly, 2006, 17(1): 43-58.

[133] AMASON A C. Distinguishing the effects of functional and dysfunctional conflict on strategic decision making: Resolving a paradox for top management teams[J]. Academy of Management Journal, 1996, 39(1): 123-148.

[134] ARDTS J C, VAN DER VELDE M E, MAURER T J. The influence of perceived characteristics of management development programs on employee outcomes[J]. Human Resource Development Quarterly, 2010, 21(4): 411-434.

[135] ARYEE S, SRINIVAS E S, TAN H H. Rhythms of life: Antecedents and outcomes of work-family balance in employed parents.[J]. Journal of applied psychology, 2005, 90(1): 132.

[136] ASENDORPF J B, OSTENDORF F. Is self-enhancement healthy? Conceptual, psychometric, and empirical analysis[J]. Journal of Personality and Social Psychology, 1998, 74(4): 955.

[137] ASHFORD S J, CUMMINGS L L. Proactive feedback seeking: The instrumental use of the information environment[J]. Journal of occupational psychology, 1985, 58(1): 67-79.

[138] AVEY J B, REICHARD R J, LUTHANS F, et al. Meta-analysis of the impact of positive psychological capital on employee attitudes, behaviors, and performance[J]. Human Resource Development Quarterly, 2011, 22(2): 127-152.

[139] AVOLIO B J, GARDNER W L. Authentic leadership development: Getting to the root of positive forms of leadership[J]. The leadership quarterly, 2005, 16(3): 315-338.

[140] BABA V V, TOURIGNY L, WANG X, et al. Proactive personality and work performance in China: The moderating effects of emotional exhaustion and perceived safety climate[J]. Canadian Journal of Administrative Sciences, 2009, 26(1): 23-37.

[141] BAKKER A B, DEMEROUTI E, EUWEMA M C. Job resources buffer the impact of job demands on burnout[J]. Journal of Occupational Health Psychology, 2005, 10(2): 170-180.

[142] BAKKER A B, DEMEROUTI E. Job demands–resources theory: Taking stock and looking forward.[J]. Journal of Occupational Health Psychology, 2017, 22(3): 273-285.

[143] BAKKER A B, DEMEROUTI E. The job demands-resources model: State of the art[J]. Journal Of Managerial Psychology, 2007，22(3): 309-329.

[144] BAKKER A B, TIMS M, DERKS D. Proactive personality and job performance: The role of job crafting and work engagement[J]. Human Relations, 2012, 65(10): 1359-1378.

[145] BANDURA A. Social foundations of thought and action: A social cognitive theory[J]. Journal of Applied Psychology, 1986, 12(1): 169.

[146] BARNETT B R, BRADLEY L. The impact of organization support for career development on career satisfaction[J]. Career Development International, 2007, 12(7): 617-636.

[147] BARON R M, KENNY D A. The moderator–mediator variable distinction in social psychological research: Conceptual, strategic, and statistical considerations[J]. Journal of Personality and Social Psychology, 1986, 51(6): 1173-1182.

[148] BASFORD T E, OFFERMANN L R, BEHREND T S. Please accept my sincerest apologies: Examining follower reactions to leader apology[J]. Journal of Business Ethics, 2014, 119(1): 99-117.

[149] BATEMAN T S, CRANT J M. The proactive component of organizational behavior: A measure and correlates[J]. Journal Of Organizational Behavior, 1993, 14(2): 103-118.

[150] BAUMERT A, SCHMITT M, PERUGINI M, et al. Integrating Personality Structure, Personality Process, and Personality Development[J]. European Journal of Personality, 2017, 31(5): 503-528.

[151] BERTOLINO M, TRUXILLO D M, FRACCAROLI F. Age as moderator of the relationship of proactive personality with training motivation, perceived career development from training, and training behavioral intentions[J]. Journal of Organizational Behavior, 2011, 32(2): 248-263.

[152] BLICKLE G, SCHNEIDER P B, MEURS J A, et al. Antecedents and Consequences of Perceived Barriers to Obtaining Mentoring: A Longitudinal Investigation[J]. Journal of Applied Social Psychology, 2010, 40(8): 1897-1920.

[153] BROWN D J, COBER R T, KANE K, et al. Proactive personality and the successful job search: a field investigation with college graduates.[J]. Journal of applied psychology, 2006, 91(3): 717-723.

[154] CAI Y, JIA L, LI J. Dual-level transformational leadership and team information elaboration: The mediating role of relationship conflict and moderating role of middle way thinking[J]. Asia Pacific Journal of Management, 2017, 34(2): 399-421.

[155] CAI Z, PARKER S K, CHEN Z, et al. How does the social context fuel the proactive fire? A multilevel review and theoretical synthesis[J]. Journal of Organizational Behavior, 2019, 40(2): 209-230.

[156] CARDADOR M T, DANE E, PRATT M G. Linking calling orientations to organizational attachment via organizational instrumentality[J]. Journal of Vocational Behavior, 2011, 79(2): 367-378.

[157] CHEN C C, CHEN X P, HUANG S. Chinese guanxi: An integrative review and new directions for future research[J]. Management and Organization Review, 2013, 9(1): 167-207.

[158] CHEN R. Responding to compliments A contrastive study of politeness strategies between American English and Chinese speakers[J]. Journal of Pragmatics, 1993, 20(1): 49-75.

[159]　CHIU C Y C, OWENS B P, TESLUK P E. Initiating and utilizing shared leadership in teams: The role of leader humility, team proactive personality, and team performance capability.[J]. Journal of Applied Psychology, 2016, 101(12): 1705.

[160]　CHURCHILL G A. A Paradigm for developing better measures of marketing constructs[J]. Journal of Marketing Research, 1979, 16(1): 64-73.

[161]　CONVERSE P D, PATHAK J, DEPAUL-HADDOCK A M, et al. Controlling your environment and yourself: Implications for career success[J]. Journal of Vocational Behavior, 2012, 80(1): 148-159.

[162]　CRANT J M, BATEMAN T S. Charismatic leadership viewed from above: The impact of proactive personality[J]. Journal of Organizational Behavior, 2000, 21(1): 63-75.

[163]　CRANT J M, KIM T Y, WANG J. Dispositional antecedents of demonstration and usefulness of voice behavior[J]. Journal of Business and Psychology, 2011, 26(3): 285-297.

[164]　CRANT J M. The Proactive Personality Scale and objective job performance among real estate agents[J]. Journal of Applied Psychology, 1995, 80(4): 532-537.

[165]　CRAWFORD E R, LEPINE J A, RICH B L. Linking job demands and resources to employee engagement and burnout: A theoretical extension and meta-analytic test.[J]. Journal of applied psychology, 2010, 95(5): 834.

[166]　DAVIS D E, HOOK J N, WORTHINGTON JR E L, et al. Relational humility: Conceptualizing and measuring humility as a personality judgment[J]. Journal of Personality Assessment, 2011, 93(3): 225-234.

[167]　DAVIS D E, WORTHINGTON E L, HOOK J N. Humility: Review of measurement strategies and conceptualization as personality judgment[J]. The Journal of Positive Psychology, 2010, 5(4): 243-252.

[168]　DAVIS D E, WORTHINGTON JR E L, HOOK J N, et al. Humility and the development and repair of social bonds: Two longitudinal

studies[J]. Self and Identity, 2013, 12(1): 58-77.

[169] DE DREU C K W, WEINGART L R. Task versus relationship conflict, team performance, and team member satisfaction: A meta-analysis[J]. Journal of Applied Psychology, 2003, 88(4): 741-749.

[170] DE PATER I E, VAN VIANEN A E M, BECHTOLDT M N, et al. Employees' challenging job experiences and supervisors' evaluations of promotability[J]. Personnel Psychology, 2009, 62(2): 297-325.

[171] DECI E L, RYAN R M. The "What" and "Why" of goal pursuits: Human needs and the self-determination of behavior[J]. Psychological Inquiry, 2000, 11(4): 227-268.

[172] DEMEROUTI E, BAKKER A B, NACHREINER F, et al. The job demands-resources model of burnout.[J]. Journal of Applied Psychology, 2001, 86(3): 499-512.

[173] DETERT J R, BURRIS E R. Leadership behavior and employee voice: Is the door really open?[J]. Academy of Management Journal, 2007, 50(4): 869-884.

[174] DIENER E. Subjective well-being: The science of happiness and a proposal for a national index.[J]. American Psychologist, 2000, 55(1): 34-43.

[175] DOBROW S R, TOSTI-KHARAS J. Calling: The development of a scale measure[J]. Personnel psychology, 2011, 64(4): 1001-1049.

[176] DOBROW S R. Dynamics of calling: A longitudinal study of musicians[J]. Journal of Organizational Behavior, 2013, 34(4): 431-452.

[177] DOLAN R J. Emotion, cognition, and behavior[J]. Science, 2002, 298(5596): 1191-1194.

[178] DUAN J Y, WEI Q J. The structure of voice efficacy and its role in the formation mechanism of employee voice behavior[J]. Acta Psychologica Sinica, 2012, 44(7): 972-985.

[179] DUFFY M K, SHAW J D, STARK E M. Performance and satisfaction in conflicted interdependent groups: When and how does self-esteem make a difference?[J]. Academy of Management Journal, 2000, 43(4):

772-782.

[180] DUFFY R D, DIK B J, STEGER M F. Calling and work-related outcomes: Career commitment as a mediator[J]. Journal of Vocational Behavior, 2011, 78(2): 210-218.

[181] DUFFY R D, DIK B J. Research on calling: What have we learned and where are we going?[J]. Journal of Vocational Behavior, 2013, 83(3): 428-436.

[182] DULEBOHN J H, WU D, LIAO C. Does liking explain variance above and beyond LMX? A meta-analysis[J]. Human Resource Management Review, 2017, 27(1): 149-166.

[183] DUTTON J E, ASHFORD S J. Selling issues to top management[J]. Academy of management review, 1993, 18(3): 397-428.

[184] DWIWARDANI C, HILL P C, BOLLINGER R A, et al. Virtues develop from a secure base: Attachment and resilience as predictors of humility, gratitude, and forgiveness[J]. Journal of Psychology and Theology, 2014, 42(1): 83-90.

[185] EBY L T, ALLEN T D, EVANS S C, et al. Does mentoring matter? A multidisciplinary meta-analysis comparing mentored and non-mentored individuals[J]. Journal of Vocational Behavior, 2008, 72(2): 254-267.

[186] EBY L T, BUTTS M M, DURLEY J, et al. Are bad experiences stronger than good ones in mentoring relationships? Evidence from the protégé and mentor perspective[J]. Journal of Vocational Behavior, 2010, 77(1): 81-92.

[187] EBY L T, BUTTS M, LOCKWOOD A. Predictors of success in the era of the boundaryless career[J]. Journal of Organizational Behavior, 2003, 24(6): 689-708.

[188] EBY L T, MCMANUS S E. The protégé's role in negative mentoring experiences[J]. Journal of Vocational Behavior, 2004, 65(2): 255-275.

[189] EDWARDS J R. 4 Person–environment fit in organizations: An assessment of theoretical progress[J]. Academy of Management Annals, 2008, 2(1): 167-230.

[190] ELANGOVAN A R, PINDER C C, MCLEAN M. Callings and organizational behavior[J]. Journal of Vocational Behavior, 2010, 76(3): 428-440.

[191] ENSHER E A, MURPHY S E. Effects of race, gender, perceived similarity, and contact on mentor relationships[J]. Journal of Vocational Behavior, 1997, 50(3): 460-481.

[192] ERDOGAN B, BAUER T N. Enhancing career benefits of employee proactive personality: The role of fit with jobs and organizations[J]. Personnel psychology, 2005, 58(4): 859-891.

[193] EXLINE J J, GEYER A L. Perceptions of humility: A preliminary study[J]. Self and Identity, 2004, 3(2): 95-114.

[194] EXLINE J J, HILL P C. Humility: A consistent and robust predictor of generosity[J]. The Journal of Positive Psychology, 2012, 7(3): 208-218.

[195] EXLINE J J. Humility and the ability to receive from others[J]. Journal of Psychology & Christianity, 2012, 31(1): 40-50.

[196] FAGENSON-ELAND E A, MARKS M A, AMENDOLA K L. Perceptions of mentoring relationships[J]. Journal of Vocational Behavior, 1997, 51(1): 29-42.

[197] FISHER C D. Happiness at Work[J]. International Journal of Management Reviews, 2010, 12(4): 384-412.

[198] FORNELL C, LARCKER D F. Evaluating structural equation models with unobservable and measuremenr error[J]. Journal of Marketing Research, 1981, 34(2): 161-188.

[199] FRAZIER M L, BOWLER Wm M. Voice climate, supervisor undermining, and work outcomes: A group-level examination[J]. Journal of Management, 2015, 41(3): 841-863.

[200] FRESE M, FAY D, HILBURGER T, et al. The concept of personal initiative: Operationalization, reliability and validity in two German samples[J]. Journal of occupational and organizational psychology, 1997, 70(2): 139-161.

[201] FRESE M, FAY D. 4. Personal initiative: An active performance concept for work in the 21st century[J]. Research in Organizational Behavior, 2001, 23(1): 133-187.

[202] FRESE M, KRING W, SOOSE A, et al. Personal initiative at work: Differences between East and West Germany[J]. Academy of Management Journal, 1996, 39(1): 37-63.

[203] FROSTENSON M. Humility in business: A contextual approach[J]. Journal of Business Ethics, 2016, 138(1): 91-102.

[204] FULLER B, MARLER L E. Change driven by nature: A meta-analytic review of the proactive personality literature[J]. Journal of Vocational Behavior, 2009, 75(3): 329-345.

[205] FULLER J B, MARLER L E, HESTER K. Promoting felt responsibility for constructive change and proactive behavior: Exploring aspects of an elaborated model of work design[J]. Journal of Organizational Behavior: The International Journal of Industrial, Occupational and Organizational Psychology and Behavior, 2006, 27(8): 1089-1120.

[206] FULLER JR J B, HESTER K, COX S S. Proactive personality and job performance: Exploring job autonomy as a moderator[J]. Journal of Managerial Issues, 2010, 22(1): 35-51.

[207] FULLER JR J B, MARLER L E, HESTER K. Bridge building within the province of proactivity[J]. Journal of Organizational Behavior, 2012, 33(8): 1053-1070.

[208] FULMER I S, WALKER W J. More bang for the buck? Personality traits as moderators of responsiveness to pay- for-performance[J]. Human Performance, 2015, 28(1): 40-65.

[209] GOMEZ-MEJIA L R, NUÑEZ-NICKEL M, GUTIERREZ I. The role of family ties in agency contracts[J]. Academy of Management Journal, 2001, 44(1): 81-95.

[210] GONG Y, CHEUNG S Y, WANG M, et al. Unfolding the proactive process for creativity: Integration of the employee proactivity, information exchange, and psychological safety perspectives[J]. Journal of management,

2012, 38(5): 1611-1633.

[211] GRANT A M, ASHFORD S J. The dynamics of proactivity at work[J]. Research in Organizational Behavior, 2008, 28: 3-34.

[212] GRANT A M, GINO F, HOFMANN D A. Reversing the extraverted leadership advantage: The role of employee proactivity[J]. Academy of Management Journal, 2011, 54(3): 528-550.

[213] GREGURAS G J, DIEFENDORFF J M. Why does proactive personality predict employee life satisfaction and work behaviors? A field investigation of the mediating role of the self-concordance model[J]. Personnel Psychology, 2010, 63(3): 539-560.

[214] GRIFFIN M A, NEAL A, PARKER S K. A new model of work role performance: Positive behavior in uncertain and interdependent contexts[J]. Academy of management journal, 2007, 50(2): 327-347.

[215] GUPTA V K, BHAWE N M. The influence of proactive personality and stereotype threat on women's entrepreneurial intentions[J]. Journal of Leadership & Organizational Studies, 2007, 13(4): 73-85.

[216] GUZMAN F A, ESPEJO A. Introducing changes at work: How voice behavior relates to management innovation[J]. Journal of Organizational Behavior, 2019, 40(1): 73-90.

[217] HALBESLEBEN J R B, WHEELER A R. I owe you one: Coworker reciprocity as a moderator of the day-level exhaustion- performance relationship[J]. Journal of Organizational Behavior, 2011, 32(4): 608-626.

[218] HALL D T, MOSS J E. The new protean career contract: Helping organizations and employees adapt[J]. Organizational Dynamics, 1998, 26(3): 22-37.

[219] HARVEY S, BLOUIN C, STOUT D. Proactive personality as a moderator of outcomes for young workers experiencing conflict at work[J]. Personality and Individual Differences, 2006, 40(5): 1063-1074.

[220] HARZER C, RUCH W. When the job is a calling: The role of applying one's signature strengths at work[J]. The Journal of Positive Psychology, 2012, 7(5): 362-371.

[221] HINKIN T R. A brief tutorial on the development of measures for use in survey questionnaires[J]. Organizational Research Methods, 1998, 1(1): 104-121.

[222] HIRSCHFELD R R, THOMAS C H, BERNERTH J B. Consequences of autonomous and team-oriented forms of dispositional proactivity for demonstrating advancement potential[J]. Journal of Vocational Behavior, 2011, 78(2): 237-247.

[223] HOBFOLL S E, HALBESLEBEN J, NEVEU J P, et al. Conservation of resources in the organizational Context: The reality of resources and their consequences[J]. Annual Review of Organizational Psychology and Organizational Behavior, 2018, 5(1): 103-128.

[224] HOBFOLL S E, JOHNSON R J, ENNIS N, et al. Resource loss, resource gain, and emotional outcomes among inner city women[J]. Journal of personality and social psychology, 2003, 84(3): 632.

[225] HOBFOLL S E. Conservation of resources: A new attempt at conceptualizing stress[J]. American Psychologist, 1989, 44(3): 513-524.

[226] HUNT D M, MICHAEL C. Mentorship: A Career Training and Development Tool [J]. Academy of Management Review, 1983, 8(3): 475-485.

[227] JANKOWSKI P J, SANDAGE S J, HILL P C. Differentiation- based models of forgivingness, mental health and social justice commitment: Mediator effects for differentiation of self and humility[J]. The Journal of Positive Psychology, 2013, 8(5): 412-424.

[228] JAWAHAR I M, KISAMORE J L, STONE T H, et al. Differential effect of inter-role conflict on proactive individual's experience of burnout[J]. Journal of Business and Psychology, 2012, 27(2): 243-254.

[229] JEHN K A, NORTHCRAFT G B, NEALE M A. Why differences make a difference: A field study of diversity, conflict and performance in workgroups[J]. Administrative Science Quarterly, 1999, 44(4): 741-763.

[230] JEHN K A, RISPENS S, THATCHER S M B. The effects of conflict asymmetry on work group and individual outcomes[J]. Academy of

Management Journal, 2010, 53(3): 596-616.

[231]　JEHN K A. A Multimethod examination of the benefits and detriments of intragroup conflict[J]. Administrative Science Quarterly, 1995, 40(2): 256.

[232]　JEUNG C W, YOON H J. Leader humility and psychological empowerment: Investigating contingencies[J]. Journal of Managerial Psychology, 2016, 31(7): 1122-1130.

[233]　KAO K Y, ROGERS A, SPITZMUELLER C, et al. Who should serve as my mentor? The effects of mentor's gender and supervisory status on resilience in mentoring relationships[J]. Journal of Vocational Behavior, 2014, 85(2): 191-203.

[234]　KAYE B, JACOBSON B. Reframing mentoring[J]. Training & Development, 1996, 50(8): 44-48.

[235]　KELEMEN T K, MATTHEWS S H, MATTHEWS M J, et al. Humble leadership: A review and synthesis of leader expressed humility[J]. Journal of Organizational Behavior, 2023, 44(2): 202-224.

[236]　KIRBY E G, KIRBY S L. Improving Task Performance: The Relationship Between Morningness and Proactive Thinking1[J]. Journal of Applied Social Psychology, 2006, 36(11): 2715-2729.

[237]　KISH-GEPHART J J, DETERT J R, TREVIÑO L K, et al. Silenced by fear:The nature, sources, and consequences of fear at work[J]. Research in Organizational Behavior, 2009, 29: 163-193.

[238]　KOLAR D W, FUNDER D C, COLVIN C R. Comparing the accuracy of personality judgments by the self and knowledgeable others[J]. Journal of personality, 1996, 64(2): 311-337.

[239]　KRAM K E, ISABELLA L A. Mentoring alternatives: The role of peer relationships in career development[J]. Academy of management Journal, 1985, 28(1): 110-132.

[240]　KRAM K E. Mentoring at work: Developmental relationships in organizational life.[M]. University Press of America, 1988.

[241]　KRAM K E. Phases of the Mentor Relationship[J]. Academy of

Management Journal, 1983, 26(4): 608-625.

[242] KRAUSE N, DAVID HAYWARD R. Religion, meaning in life, and change in physical functioning during late adulthood[J]. Journal of Adult Development, 2012, 19(3): 158-169.

[243] KRAUSE N, PARGAMENT K I, HILL P C, et al. Humility, stressful life events, and psychological well-being: Findings from the landmark spirituality and health survey[J]. The Journal of Positive Psychology, 2016, 11(5): 499-510.

[244] KRAUSE N. Exploring the relationships among humility, negative interaction in the church, and depressed affect[J]. Aging & Mental Health, 2014, 18(8): 970-979.

[245] KWAN H K, LIU J, YIM F H, et al. Effects of mentoring functions on receivers' organizational citizenship behavior in a Chinese context: A two-study investigation[J]. Journal of Business Research, 2011, 64(4): 363-370.

[246] LABOUFF J P, ROWATT W C, JOHNSON M K, et al. Humble persons are more helpful than less humble persons: Evidence from three studies[J]. The Journal of Positive Psychology, 2012, 7(1): 16-29.

[247] LAMBERT T A, EBY L T, REEVES M P. Predictors of networking intensity and network quality among white-collar job seekers[J]. Journal of career development, 2006, 32(4): 351-365.

[248] LECHUGA V M. A motivation perspective on faculty mentoring: The notion of "non-intrusive" mentoring practices in science and engineering[J]. Higher Education, 2014, 68(6): 909-926.

[249] LESENER T, GUSY B, WOLTER C. The job demands-resources model: A meta-analytic review of longitudinal studies[J]. Work & Stress, 2019, 33(1): 76-103.

[250] LI F, CHEN T, CHEN N Y, et al. Proactive yet reflective? Materializing proactive personality into creativity through job reflective learning and activated positive affective states[J]. Personnel Psychology, 2020, 73(3): 459-489.

[251] LI J, LIANG Q Z, ZHANG Z Z. The effect of humble leader behavior, leader expertise, and organizational identification on employee turnover intention[J]. Journal of Applied Business Research, 2016, 32(4): 1145-1156.

[252] LI N, CHIABURU D S, KIRKMAN B L, et al. Spotlight on the followers: An examination of moderators of relationships between transformational leadership and subordinates' citizenship and taking charge[J]. Personnel Psychology, 2013, 66(1): 225-260.

[253] LI N, HARRIS T B, BOSWELL W R, et al. The role of organizational insiders' developmental feedback and proactive personality on newcomers' performance: An interactionist perspective.[J]. Journal of Applied Psychology, 2011, 96(6): 1317-1327.

[254] LI N, LIANG J, CRANT J M. The role of proactive personality in job satisfaction and organizational citizenship behavior: A relational perspective[J]. Journal of Applied Psychology, 2010, 95(2): 395-404.

[255] LI W D, FAY D, FRESE M, et al. Reciprocal relationship between proactive personality and work characteristics: A latent change score approach.[J]. Journal of Applied Psychology, 2014, 99(5): 948-965.

[256] LI X, ANDERSEN T J, HALLIN C A. A Zhong-Yong perspective on balancing the top-down and bottom-up processes in strategy-making[J]. Cross Cultural & Strategic Management, 2019.

[257] LIANG J, GONG Y. Capitalizing on proactivity for informal mentoring received during early career: The moderating role of core self-evaluations[J]. Journal of Organizational Behavior, 2013, 34(8): 1182-1201.

[258] LIU W, SONG Z, LI X, et al. Why and when leaders' affective states influence employee upward voice[J]. Academy of Management Journal, 2017, 60(1): 238-263.

[259] LIU W, TANGIRALA S, LEE C, et al. New directions for exploring the consequences of proactive behaviors: Introduction to the special issue[J]. Journal of Organizational Behavior, 2019, 40(1): 1-4.

[260] LIU W, ZHU R, YANG Y. I warn you because I like you: Voice behavior,

employee identifications, and transformational leadership[J]. The leadership quarterly, 2010, 21(1): 189-202.

[261] MA C, LIU H, GU J, et al. How entrepreneurs' Zhong-yong thinking improves new venture performance: The mediating role of guanxi and the moderating role of environmental turbulence[J]. Chinese Management Studies, 2018, 12(2): 323-345.

[262] MAJOR D A, TURNER J E, FLETCHER T D. Linking proactive personality and the Big Five to motivation to learn and development activity.[J]. Journal of applied psychology, 2006, 91(4): 927-935.

[263] MAXWELL H, TASCA G A, GICK M, et al. The impact of attachment anxiety on interpersonal complementarity in early group therapy interactions among women with binge eating disorder[J]. Group Dynamics: Theory, Research, and Practice, 2012, 16(4): 255-271.

[264] MCNALL L A, MICHEL J S. A dispositional approach to work–school conflict and enrichment[J]. Journal of Business and Psychology, 2011, 26(3): 397-411.

[265] MEDINA F J, MUNDUATE L, DORADO M A, et al. Types of intragroup conflict and affective reactions[J]. Journal of Managerial Psychology, 2005, 20(3/4): 219-230.

[266] MESSARA L, DAGHER G K. Proactive personality: Organization vs career commitment[J]. Business Studies Journal, 2010, 2(2): 117-127.

[267] MEYER J P, MALTIN E R. Employee commitment and well-being: A critical review, theoretical framework and research agenda[J]. Journal of Vocational Behavior, 2010, 77(2): 323-337.

[268] MONTAG C, ELHAI J D. A new agenda for personality psychology in the digital age?[J]. Personality and Individual Differences, 2019, 147: 128-134.

[269] MORRIS J A, BROTHERIDGE C M, URBANSKI J C. Bringing humility to leadership: Antecedents and consequences of leader humility[J]. Human Relations, 2005, 58(10): 1323-1350.

[270] MORRISON E W, WHEELER-SMITH S L, KAMDAR D. Speaking up

in groups: A cross-level study of group voice climate and voice[J]. Journal of Applied Psychology, 2011, 96(1): 183-191.

[271] MULLEN E J, NOE R A. The mentoring information exchange: When do mentors seek information from their protégés?[J]. Journal of Organizational Behavior, 1999, 20(2): 233-242.

[272] NG T W, FELDMAN D C. A meta-analysis of the relationships of age and tenure with innovation-related behaviour[J]. Journal of occupational and organizational psychology, 2013, 86(4): 585-616.

[273] NIELSEN R, MARRONE J A, SLAY H S. A new look at humility: Exploring the humility concept and its role in socialized charismatic leadership[J]. Journal of Leadership & Organizational Studies, 2010, 17(1): 33-43.

[274] NIELSEN R, MARRONE J A. Humility: Our current understanding of the construct and its role in organizations[J]. International Journal of Management Reviews, 2018, 20(4): 805-824.

[275] NIESSEN C, SONNENTAG S, SACH F. Thriving at work: A diary study[J]. Journal of Organizational Behavior, 2012, 33(4): 468-487.

[276] NING B, OMAR R, YE Y, et al. The role of Zhong-Yong thinking in business and management research: A review and future research agenda[J]. Asia Pacific Business Review, 2021, 27(2): 150-179.

[277] NOE R A. An investigation of the determinants of successful assigned mentoring relationships[J]. Personnel Psychology, 1988, 41(3): 457-479.

[278] ORPEN C. The effects of formal mentoring on employee work motivation, organizational commitment and job performance[J]. The Learning Organization, 1997, 4(2): 53-60.

[279] OSTROFF C. The effects of climate and personal influences on individual behavior and attitudes in organizations[J]. Organizational Behavior and Human Decision Processes, 1993, 56(1): 56-90.

[280] OU A Y, TSUI A S, KINICKI A J, et al. Humble chief executive officers' connections to top management team integration and middle managers' responses[J]. Administrative Science Quarterly, 2014, 59(1):

34-72.

[281] OU A Y, WALDMAN D A, PETERSON S J. Do humble ceos matter? An examination of ceo humility and firm outcomes[J]. Journal of Management, 2018, 44(3): 1147-1173.

[282] OU C Q, JUN Y, OU Q Q, et al. The impact of relative humidity and atmospheric pressure on mortality in Guangzhou, China[J]. Biomedical and Environmental Sciences, 2014, 27(12): 917-925.

[283] OWENS B P, HEKMAN D R. How does leader humility influence team performance? Exploring the mechanisms of contagion and collective promotion focus[J]. Academy of Management Journal, 2016, 59(3): 1088-1111.

[284] OWENS B P, HEKMAN D R. Modeling How to Grow: An Inductive Examination of Humble Leader Behaviors, Contingencies, and Outcomes[J]. Academy of Management Journal, 2012, 55(4): 787-818.

[285] OWENS B P, JOHNSON M D, MITCHELL T R. Expressed humility in organizations: Implications for performance, teams, and leadership[J]. Organization Science, 2013, 24(5): 1517-1538.

[286] OWENS B P, WALLACE A S, WALDMAN D A. Leader narcissism and follower outcomes: The counterbalancing effect of leader humility.[J]. Journal Of Applied Psychology, 2015, 100(4): 1203-1213.

[287] PAN W, SUN L Y. A Self-Regulation Model of Zhong Yong Thinking and Employee Adaptive Performance[J]. Management and Organization Review, 2018, 14(1): 135-159.

[288] PARKER S K, BINDL U K, STRAUSS K. Making things happen: A model of proactive motivation[J]. Journal of Management, 2010, 36(4): 827-856.

[289] PARKER S K, COLLINS C G. Taking stock: Integrating and differentiating multiple proactive behaviors[J]. Journal of Management, 2010, 36(3): 633-662.

[290] PARKER S K, SPRIGG C A. Minimizing strain and maximizing learning: The role of job demands, job control, and proactive

personality[J]. Journal Of Applied Psychology, 1999, 84(6): 925-939.

[291] PARKER S K, WALL T D, JACKSON P R. "That's not my job": Developing flexible employee work orientations[J]. Academy Of Management Journal, 1997, 40(4): 899-929.

[292] PARKER S K, WILLIAMS H M, TURNER N. Modeling the antecedents of proactive behavior at work.[J]. Journal Of Applied Psychology, 2006, 91(3): 636-652.

[293] PARKER S K. Enhancing role breadth self-efficacy: The roles of job enrichment and other organizational interventions[J]. Journal Of Applied Psychology, 1998, 83(6): 835-852.

[294] PETERS A S, ROWAT W C, JOHNSON M K. Associations between dispositional humility and social relationship quality[J]. Psychology, 2011, 2(3): 155.

[295] PETERSON C, PARK N, HALL N, et al. Zest and work[J]. Journal of Organizational Behavior, 2009, 30(2): 161-172.

[296] PODSAKOFF P M, MACKENZIE S B, LEE J Y, et al. Common method biases in behavioral research: A critical review of the literature and recommended remedies.[J]. Journal of Applied Psychology, 2003, 88(5): 879-903.

[297] POLDERMAN T J, BENYAMIN B, DE LEEUW C A, et al. Meta-analysis of the heritability of human traits based on fifty years of twin studies[J]. Nature genetics, 2015, 47(7): 702-709.

[298] PREACHER K J, HAYES A F. Asymptotic and resampling strategies for assessing and comparing indirect effects in multiple mediator models[J]. Behavior Research Methods, 2008, 40(3): 879-891.

[299] QU Y, WU W, TANG F, et al. Why do I conform to your ideas? The role of coworkers' regulatory focus in explaining the influence of zhongyong on harmony voice[J]. Chinese Management Studies, 2018, 12(2): 346-368.

[300] RAGINS B R, COTTON J L. Mentor functions and outcomes: A comparison of men and women in formal and informal mentoring

relationships[J]. Journal of Applied Psychology, 1999, 84(4): 529-550.

[301]　RAGINS B R, COTTON J L, MILLER J S. Marginal Mentoring: The Effects Of Type Of Mentor, Quality Of Relationship, And Program Design On Work And Career Attitudes[J]. Academy of Management Journal, 2000, 43(6): 1177-1194.

[302]　RAGINS B R, MCFARLIN D B. Perceptions of mentor roles in cross-gender mentoring relationships[J]. Journal of Vocational Behavior, 1990, 37(3): 321-339.

[303]　REGO A, CUNHA M P, SIMPSON A V. The Perceived Impact of Leaders' Humility on Team Effectiveness: An empirical study[J]. Journal of Business Ethics, 2018, 148(1): 205-218.

[304]　REGO A, OWENS B, LEAL S, et al. How leader humility helps teams to be humbler, psychologically stronger, and more effective: A moderated mediation model[J]. The Leadership Quarterly, 2017, 28(5): 639-658.

[305]　REGO A, OWENS B, YAM K C, et al. Leader humility and team performance: Exploring the mediating mechanisms of team psycap and task allocation effectiveness[J]. Journal of Management, 2019, 45(3): 1009-1033.

[306]　RHEE M, KIM T. Exploiting old lessons and exploring new ideas: A Confucian approach to exploitation and exploration[J]. Asia Pacific Journal of Management, 2019, 36(3): 773-795.

[307]　ROBERTS B W, YOON H J. Personality psychology[J]. Annual Review of Psychology, 2022, 73: 489-516.

[308]　ROUSSEAU D M, HO V T, GREENBERG J. I-deals: Idiosyncratic terms in employment relationships[J]. Academy Of Management Review, 2006, 31(4): 977-994.

[309]　ROWATT W C, POWERS C, TARGHETTA V, et al. Development and initial validation of an implicit measure of humility relative to arrogance[J]. The Journal of Positive Psychology, 2006, 1(4): 198-211.

[310]　RYAN R M, DECI E L. On happiness and human potentials: A review of research on hedonic and eudaimonic well-being[J]. Annual Review

of Psychology, 2001, 52(1): 141-166.

[311] SALANCIK G R, PFEFFER J. A social information processing approach to job attitudes and task design[J]. Administrative Science Quarterly, 1978, 23(2): 224.

[312] SCANDURA T A, RAGINS B R. The effects of sex and gender role orientation on mentorship in male-dominated occupations[J]. Journal of Vocational Behavior, 1993, 43(3): 251-265.

[313] SCANDURA T A, RAGINS B R. The effects of sex and gender role orientation on mentorship in male-dominated occupations[J]. Journal of vocational behavior, 1993, 43(3): 251-265.

[314] SCANDURA T A, RAGINS B R. The effects of sex and gender role orientation on mentorship in male-dominated occupations[J]. Journal of Vocational Behavior, 1993, 43(3): 251-265.

[315] SCANDURA T A. Mentorship and career mobility: An empirical investigation[J]. Journal of organizational behavior, 1992, 13(2): 169-174.

[316] SCHAUFELI W B, BAKKER A B. Job demands, job resources, and their relationship with burnout and engagement: A multi-sample study[J]. Journal of Organizational Behavior: The International Journal of Industrial, Occupational and Organizational Psychology and Behavior, 2004, 25(3): 293-315.

[317] SCOTT S G, BRUCE R A. Determinants of innovative behavior: A path model of individual innovation in the workplace[J]. Academy Of Management Journal, 1994, 37(3): 580-607.

[318] SEIBERT S E, CRANT J M, KRAIMER M L. Proactive personality and career success.[J]. Journal Of Applied Psychology, 1999, 84(3): 416-427.

[319] SEIBERT S E, KRAIMER M L, CRANT J M. What do proactive people do? A longitudinal model linking proactive personality and career success[J]. Personnel psychology, 2001, 54(4): 845-874.

[320] SEIBERT S E, KRAIMER M L, LIDEN R C. A social capital theory of

career success[J]. Academy of management journal, 2001, 44(2): 219-237.

[321] SENDJAYA S, SARROS J C. Servant leadership: Its origin, development, and application in organizations[J]. Journal of Leadership & Organizational Studies, 2002, 9(2): 57-64.

[322] SHENG G, XIE F, GONG S, et al. The role of cultural values in green purchasing intention: Empirical evidence from Chinese consumers[J]. International Journal of Consumer Studies, 2019, 43(3): 315-326.

[323] SOBEL M E. Asymptotic confidence intervals for indirect effects in structural equation models[J]. Sociological Methodology, 1982, 13: 290-312.

[324] SPITZMULLER M, SIN H P, HOWE M, et al. Investigating the uniqueness and usefulness of proactive personality in organizational research: A meta-analytic review[J]. Human Performance, 2015, 28(4): 351-379.

[325] SPREITZER G M. Psychological empowerment in the workplace: Dimensions, measurement, and validation[J]. Academy of Management Journal, 1995, 38(5): 1442-1465.

[326] SUN S, VAN EMMERIK H I. Are proactive personalities always beneficial? Political skill as a moderator.[J]. Journal of Applied Psychology, 2015, 100(3): 966.

[327] TANGNEY J P. Humility: Theoretical perspectives, empirical findings and directions for future research[J]. Journal of Social and Clinical Psychology, 2000, 19(1): 70-82.

[328] TETT R P, TOICH M J, OZKUM S B. Trait activation theory: A review of the literature and applications to five lines of personality dynamics research[J]. Annual Review of Organizational Psychology and Organizational Behavior, 2021, 8(1): 199-233.

[329] THOMAS J P, WHITMAN D S, VISWESVARAN C. Employee proactivity in organizations: A comparative meta-analysis of emergent proactive constructs[J]. Journal Of Occupational And Organizational Psychology, 2010, 83(2): 275-300.

[330] THOMPSON J A. Proactive personality and job performance: A social capital perspective.[J]. Journal Of Applied Psychology, 2005, 90(5): 1011-1017.

[331] TIMS M, BAKKER A B, DERKS D. Development and validation of the job crafting scale[J]. Journal of Vocational Behavior, 2012, 80(1): 173-186.

[332] TORNAU K, FRESE M. Construct clean-up in proactivity research: A meta-analysis on the nomological net of work-related proactivity concepts and their incremental validities[J]. Applied Psychology, 2013, 62(1): 44-96.

[333] VAN DYNE L, LEPINE J A. Helping and voice extra-role behaviors: Evidence of construct and predictive validity[J]. Academy of Management Journal, 1998, 41(1): 108-119.

[334] VAN TONGEREN D R, NEWBOUND H, JOHNSON E. The interactive effects of religiosity and priming religion following recall of a values violation[J]. Sexual Addiction & Compulsivity, 2016, 23(2-3): 211-224.

[335] VAN WIJK R, JANSEN J J P, LYLES M A. Inter- and intra-organizational knowledge transfer: A meta-analytic review and assessment of its antecedents and consequences[J]. Journal of Management Studies, 2008, 45(4): 830-853.

[336] VERA D, RODRIGUEZ-LOPEZ A. Strategic virtues: Humility as a source of competitive advantage[J]. Organizational dynamics, 2004, 33(4): 393-408.

[337] WANG Y H, HU C, HURST C S, et al. Antecedents and outcomes of career plateaus: The roles of mentoring others and proactive personality[J]. Journal of Vocational Behavior, 2014, 85(3): 319-328.

[338] WAYNE S J, FERRIS G R. Influence tactics, affect, and exchange quality in supervisor-subordinate interactions: A laboratory experiment and field study.[J]. Journal of Applied Psychology, 1990, 75(5): 487-499.

[339] WEN P, CHEN C, DONG L, et al. The Role of Mentoring in Protégés'

Subjective Well-Being[J]. Journal of Career Development, 2019, 46(2): 171-183.

[340] WHITELY W, DOUGHERTY T W, DREHER G F. Correlates of career-oriented mentoring for early career managers and professionals[J]. Journal of Organizational Behavior, 1992, 13(2): 141-154.

[341] WILLBUR J. Does mentoring breed success?[J]. Training and Development Journal, 1987, 41(11): 38-41.

[342] WILSON J A, ELMAN N S. Organizational benefits of mentoring[J]. Academy of Management Perspectives, 1990, 4(4): 88-94.

[343] WOODCOCK S. The social dimensions of modesty[J]. Canadian Journal of Philosophy, 2008, 38(1): 1-29.

[344] WRIGHT J C, NADELHOFFER T, PERINI T, et al. The psychological significance of humility[J]. The Journal of Positive Psychology, 2017, 12(1): 3-12.

[345] WRZESNIEWSKI A, DUTTON J E. Crafting a job: Revisioning employees as active crafters of their work[J]. Academy of management review, 2001, 26(2): 179-201.

[346] WU LIU, ZHAOLI SONG, XIAN LI, et al. Why and when leaders' affective states influence employee upward voice[J]. Academy of Management Journal, 2017, 60(1): 238-263.

[347] XIE B, XIA M, XIN X, et al. Linking calling to work engagement and subjective career success: The perspective of career construction theory[J]. Journal of Vocational Behavior, 2016, 94: 70-78.

[348] YANG J, GONG Y, HUO Y. Proactive personality, social capital, helping, and turnover intentions[J]. Journal of Managerial Psychology, 2011, 26(8): 739-760.

[349] YAO X, YANG Q, DONG N, et al. Moderating effect of Zhong Yong on the relationship between creativity and innovation behaviour[J]. Asian Journal of Social Psychology, 2010, 13(1): 53-57.

[350] YI J, KWONG KWAN H, HU Y L, et al. Revenge exacerbates the effects of interpersonal problems on mentors' emotional exhaustion

and work-family conflict: A self-defeating perspective[J]. Human Resource Management, 2017, 56(5): 851-866.

[351] YOUSAF A, SANDERS K, SHIPTON H. Proactive and politically skilled professionals: What is the relationship with affective occupational commitment?[J]. Asia Pacific Journal of Management, 2013, 30(1): 211-230.

[352] YUAN L, CHIA R. The effect of traditional Chinese fuzzy thinking on human resource practices in mainland China[J]. Chinese Management Studies, 2011, 5(4): 431-449.

[353] YUAN L. Traditional Chinese thinking on HRM practices: Heritage and transformation in China[M]. Springer, 2013.

[354] ZAWADZKA A M, ZALEWSKA J. Can humility bring happiness in life? The relationship between life aspirations, subjective well-being, and humility[J]. Annals of Psychology, 2013, 16(3): 433-449.

[355] ZHANG H, OU A Y, TSUI A S, et al. CEO humility, narcissism and firm innovation: A paradox perspective on CEO traits[J]. The Leadership Quarterly, 2017, 28(5): 585-604.

[356] ZHANG Z, WANG M O, SHI J. Leader-follower congruence in proactive personality and work outcomes: The mediating role of leader-member exchange[J]. Academy of management journal, 2012, 55(1): 111-130.

[357] ZHENG X, ZHU W, ZHAO H, et al. Employee well-being in organizations: Theoretical model, scale development, and cross-cultural validation[J]. Journal of Organizational Behavior, 2015, 36(5): 621-644.

[358] ZHOU S S, LI P P, ZHOU A J, et al. The cultural roots of compositional capability in China: Balanced moderation[J]. Asia Pacific Journal of Management, 2020, 37(4): 1217-1237.

附录 A 领导性格对下属情感与行为的影响研究(领导篇)

尊敬的女士/先生:

感谢您参与本次调查研究。本研究依托于河北省社会科学基金项目(基金编号:HB19GL042),旨在了解在日常工作中您对自我性格的评价、团队/部门运营过程中的状态及下属的行为,以帮助我们了解您所具有的性格特征对您所领导的团队的影响效果。烦请您在百忙之中帮助我们完成这份调查问卷,所需时间约为 10 分钟。您的回答无关好坏、对错,只要您根据日常工作中的真实感受填答,就是对本项研究莫大的帮助。此次调研采用匿名方式,您的填答和个人信息仅用于学术研究,不会另做他用。

谢谢您的合作!

(1) 以下是一些关于您自身性格特征的描述。请您认真阅读每一条描述,并判断与您自身情况的相符程度。判断没有对错或好坏之分,请根据您的实际情况判断并在符合的选项上勾选"√"。(1=非常不符合;2=不符合;3=一般;4=符合;5=非常符合)

描述	选项				
1. 我知道我很好,因为周围的人都一直这么告诉我	[1]	[2]	[3]	[4]	[5]
2. 我喜欢成为众人的焦点	[1]	[2]	[3]	[4]	[5]
3. 我认为我自己很特别	[1]	[2]	[3]	[4]	[5]
4. 我喜欢享有对他人的权威	[1]	[2]	[3]	[4]	[5]

(续表)

描述	选项				
5. 我认为操控别人是一件简单的事	[1]	[2]	[3]	[4]	[5]
6. 我坚持获得应属于我的尊重	[1]	[2]	[3]	[4]	[5]
7. 一旦得到机会，我乐于去炫耀自己	[1]	[2]	[3]	[4]	[5]
8. 我总是知道自己到底在做什么	[1]	[2]	[3]	[4]	[5]
9. 所有人都喜欢听我的故事	[1]	[2]	[3]	[4]	[5]
10. 我对他人的期望值很高	[1]	[2]	[3]	[4]	[5]
11. 我真的很喜欢成为众人的焦点	[1]	[2]	[3]	[4]	[5]
12. 人们看起来总是认可我的权威	[1]	[2]	[3]	[4]	[5]
13. 我会成为一个伟大的人	[1]	[2]	[3]	[4]	[5]
14. 我有能力让别人相信我想要让他们相信的一切	[1]	[2]	[3]	[4]	[5]
15. 我比别人更有能力	[1]	[2]	[3]	[4]	[5]
16. 我是一个杰出的人	[1]	[2]	[3]	[4]	[5]
17. 我不断地寻找能够改善生活的新办法	[1]	[2]	[3]	[4]	[5]
18. 无论在哪，我都会有力地推动建设性的改变	[1]	[2]	[3]	[4]	[5]
19. 最让我兴奋的事是看到我的想法变成现实	[1]	[2]	[3]	[4]	[5]
20. 如果看到不喜欢的事，我会想办法去解决它	[1]	[2]	[3]	[4]	[5]
21. 无论成功机会有多大，只要我相信一件事，我就会将它变为现实	[1]	[2]	[3]	[4]	[5]
22. 即使别人反对，我也愿意坚持自己的想法	[1]	[2]	[3]	[4]	[5]
23. 我善于发现机会	[1]	[2]	[3]	[4]	[5]
24. 我总是在寻找更好的方法来做事	[1]	[2]	[3]	[4]	[5]
25. 如果我相信某个想法，那就没有任何困难能阻止我去实现它	[1]	[2]	[3]	[4]	[5]
26. 我能比其他人更早地发现好机会	[1]	[2]	[3]	[4]	[5]
27. 与同事相处，只做到合理是不够的，还要合情	[1]	[2]	[3]	[4]	[5]
28. 任何事情总有个限度，过了头和达不到都不好	[1]	[2]	[3]	[4]	[5]
29. 我做决定时会为了整体的和谐来调整自己	[1]	[2]	[3]	[4]	[5]
30. 我会参考其他人的想法和做法，以便和大家保持一致	[1]	[2]	[3]	[4]	[5]
31. 我做事情会考虑各种可能的状况	[1]	[2]	[3]	[4]	[5]
32. 我会在不同意见中找折中方案或平衡点	[1]	[2]	[3]	[4]	[5]
33. 我重视工作中获取新知识和技能的机会	[1]	[2]	[3]	[4]	[5]

(续表)

描述	选项				
34. 我重视那些能够让我实现价值的工作	[1]	[2]	[3]	[4]	[5]
35. 我重视那些能够让我提升能力的工作	[1]	[2]	[3]	[4]	[5]
36. 我工作的动力来源于薪水	[1]	[2]	[3]	[4]	[5]
37. 我工作的动力来源于它能够为我带来晋升	[1]	[2]	[3]	[4]	[5]
38. 我工作的动力来源于一些其他福利	[1]	[2]	[3]	[4]	[5]

(2) 以下是一些关于您团队状况的描述,请您认真阅读每一条描述,并判断它们与您相符的程度。判断没有对错或好坏之分,请根据您的实际情况判断并在符合的选项上勾选"√"。(1=从未;2=很少;3=一般;4=经常;5=总是)

描述	选项				
1. 团队成员对所进行的工作常常持不同观点	[1]	[2]	[3]	[4]	[5]
2. 在我们团队经常会出现观点上的冲突	[1]	[2]	[3]	[4]	[5]
3. 团队成员时常因为团队工作发生冲突	[1]	[2]	[3]	[4]	[5]
4. 团队成员之间的意见分歧很大	[1]	[2]	[3]	[4]	[5]
5. 团队成员之间有很多摩擦	[1]	[2]	[3]	[4]	[5]
6. 团队成员之间性格冲突很明显	[1]	[2]	[3]	[4]	[5]
7. 团队成员之间关系很紧张	[1]	[2]	[3]	[4]	[5]
8. 团队成员间情绪冲突频繁	[1]	[2]	[3]	[4]	[5]
9. 团队成员经常就团队问题提出建议	[1]	[2]	[3]	[4]	[5]
10. 团队成员经常鼓励同事参与解决团队问题	[1]	[2]	[3]	[4]	[5]
11. 团队成员会就工作问题与同事交流	[1]	[2]	[3]	[4]	[5]
12. 团队成员经常提出有建设性的观点	[1]	[2]	[3]	[4]	[5]
13. 团队成员参与影响团队工作质量的事务	[1]	[2]	[3]	[4]	[5]
14. 团队成员经常就团队的新项目或程序性变革提出新想法	[1]	[2]	[3]	[4]	[5]
15. 部门鼓励员工对影响团队的问题提出意见	[1]	[2]	[3]	[4]	[5]
16. 部门鼓励员工参与到影响团队的事务中	[1]	[2]	[3]	[4]	[5]
17. 部门鼓励员工即使有不同甚至反对的意见,也要把自己关于对工作的看法与同事交流	[1]	[2]	[3]	[4]	[5]

（续表）

描述	选项				
18. 部门鼓励员工说出对部门可能有帮助的观点	[1]	[2]	[3]	[4]	[5]
19. 部门鼓励员工积极参与到影响部门工作质量的议题中	[1]	[2]	[3]	[4]	[5]
20. 部门鼓励员工就工作程序中的新方案或新变化提出自己的建议和想法	[1]	[2]	[3]	[4]	[5]

（3）以下是一些关于您工作与生活感受的描述，请您认真阅读每一条描述，并判断它们与您相符程度。判断没有对错或好坏之分，请根据您的实际情况判断并在符合的选项上勾选"√"。(1=非常不符合；2=不符合；3=一般；4=符合；5=非常符合)

描述	选项				
1. 在我的生活中大多数方面与我的理想很接近	[1]	[2]	[3]	[4]	[5]
2. 我的生活非常有趣	[1]	[2]	[3]	[4]	[5]
3. 在大部分时间里，我能够体会到真正的快乐	[1]	[2]	[3]	[4]	[5]
4. 我对自己的生活感到满意	[1]	[2]	[3]	[4]	[5]
5. 如果有来世，我几乎不会改变目前的生活方式	[1]	[2]	[3]	[4]	[5]
6. 我的生活状况非常好	[1]	[2]	[3]	[4]	[5]
7. 我的工作非常有趣	[1]	[2]	[3]	[4]	[5]
8. 总体来说，我对我从事的工作感到非常满意	[1]	[2]	[3]	[4]	[5]
9. 我总能找到办法来充实我的工作	[1]	[2]	[3]	[4]	[5]
10. 我对我具体的工作内容感到基本满意	[1]	[2]	[3]	[4]	[5]
11. 对我来说，工作会是很有意义的一场经历	[1]	[2]	[3]	[4]	[5]
12. 我对从目前工作中获得的成就感感到基本满意	[1]	[2]	[3]	[4]	[5]
13. 总体来说，我对自己是肯定的，并对自己充满信心	[1]	[2]	[3]	[4]	[5]
14. 我很喜欢与家人或朋友进行深入的沟通，彼此了解	[1]	[2]	[3]	[4]	[5]
15. 对于日常生活中的许多事务我都处理得很好	[1]	[2]	[3]	[4]	[5]
16. 人们认为我肯付出且愿意和他人分享自己的时间	[1]	[2]	[3]	[4]	[5]
17. 我善于灵活安排时间，能够完成所有工作	[1]	[2]	[3]	[4]	[5]
18. 随着时间的流逝，我感觉自己成长了很多	[1]	[2]	[3]	[4]	[5]

(续表)

描述	选项				
19. 我在主要工作职责上工作质量高、品质完美、错误少、正确率高	[1]	[2]	[3]	[4]	[5]
20. 我在主要工作职责上工作效率高、执行工作快、工作量大	[1]	[2]	[3]	[4]	[5]
21. 我在主要工作职责上目标达成率高，能达成目标	[1]	[2]	[3]	[4]	[5]

(4) 以下是一些关于**中国传统文化**的描述，请您认真阅读每一条描述，并判断您对它们的认同程度。判断没有对错或好坏之分，请根据您的实际情况判断并在符合的选项上勾选"√"。(1=非常不认同；2=不认同；3=一般；4=认同；5=非常认同)

描述	选项				
1. 政府首脑相当于家庭中的大家长，所有事务都应遵循其决定	[1]	[2]	[3]	[4]	[5]
2. 避免犯错误的最佳方法是倾听长辈的意见	[1]	[2]	[3]	[4]	[5]
3. 在结婚前要遵从父亲的教导，结婚后要听从于丈夫	[1]	[2]	[3]	[4]	[5]
4. 如果父亲与丈夫产生不同的意见，需要家里的长辈出来主持正义	[1]	[2]	[3]	[4]	[5]
5. 父母爱孩子，而孩子也应该给父母同样的爱	[1]	[2]	[3]	[4]	[5]

(5) 以下是您的**基本情况**，请您根据实际情况填写。

性别：①男　②女

年龄：①25 岁及以下　②26～30 岁　③31～40 岁　④41～50 岁

⑤51～60 岁　⑥60 岁以上

工作前主要生活地：_____省_____市

您的婚姻状况：①已婚　②未婚

您的毕业院校：_____

学历：①高中及以下　②大专　③本科　④硕士　⑤博士

问卷到此结束，对于您的支持和帮助，我们再次表示感谢！

附录 B 领导性格对下属情感与行为的影响研究(下属篇)

尊敬的女士/先生:

感谢您参与本次调查研究。本研究依托于河北省社会科学基金项目(基金编号：HB19GL042)，旨在了解在日常工作中您所在团队/部门的领导性格，以及对您在团队中的感受、认知与行为进行调查，以帮助我们了解您所在团队领导性格与行为对您的情感与行为的真实影响。烦请您在百忙之中帮助我们完成这份调查问卷，所需时间约为 10 分钟。您的回答无关好坏、对错，只要您根据日常工作中的真实感受填答，就是对本项研究莫大的帮助。此次调研采用匿名方式，您的填答和个人信息仅用于学术研究，不会另做他用。

谢谢您的合作!

(1) 以下是一些关于**领导性格特征**的描述，请您认真阅读每一条描述，并判断与您所在企业人力资源管理活动的相符程度。判断没有对错或好坏之分，请根据您的实际情况认真判断并在符合的选项上勾选"√"。(1=非常不符合；2=不符合；3=一般；4=符合；5=非常符合)

描述	选项				
1. 领导总是积极地寻求反馈，哪怕反馈是负面的	[1]	[2]	[3]	[4]	[5]
2. 当不知道该如何做的时候，领导会承认这件事	[1]	[2]	[3]	[4]	[5]
3. 当其他人掌握更多的知识、技术时，领导会承认这件事	[1]	[2]	[3]	[4]	[5]

(续表)

描述	选项				
4. 领导会看到其他人员的优势和长处	[1]	[2]	[3]	[4]	[5]
5. 领导经常赞扬别人的长处	[1]	[2]	[3]	[4]	[5]
6. 领导认可其他人所做出的独特贡献	[1]	[2]	[3]	[4]	[5]
7. 领导愿意向他人学习	[1]	[2]	[3]	[4]	[5]
8. 领导愿意接受他人的观点和看法	[1]	[2]	[3]	[4]	[5]
9. 领导愿意接受其他人的建议	[1]	[2]	[3]	[4]	[5]

(2) 以下是一些关于您自身性格特征的描述，请您认真阅读每一条描述，并判断它们与您相符的程度。判断没有对错或好坏之分，请根据您的实际情况认真判断并在符合的选项上勾选"√"。(1=非常不符合；2=不符合；3=一般；4=符合；5=非常符合)

描述	选项				
1. 我不断地寻找能够改善生活的新办法	[1]	[2]	[3]	[4]	[5]
2. 无论在哪，我都会有力地推动建设性的改变	[1]	[2]	[3]	[4]	[5]
3. 最让我兴奋的事是看到我的想法变成现实	[1]	[2]	[3]	[4]	[5]
4. 如果看到不喜欢的事，我会想办法去解决它	[1]	[2]	[3]	[4]	[5]
5. 无论成功机会有多大，只要我相信一件事，我就会将它变为现实	[1]	[2]	[3]	[4]	[5]
6. 即使别人反对，我也愿意坚持自己的想法	[1]	[2]	[3]	[4]	[5]
7. 我善于发现机会	[1]	[2]	[3]	[4]	[5]
8. 我总是在寻找更好的方法来做事	[1]	[2]	[3]	[4]	[5]
9. 如果我相信某个想法，那就没有任何困难能阻止我去实现它	[1]	[2]	[3]	[4]	[5]
10. 我能比其他人更早地发现好机会	[1]	[2]	[3]	[4]	[5]
11. 与同事相处，只做到合理是不够的，还要合情	[1]	[2]	[3]	[4]	[5]
12. 任何事情总有个限度，过了头和达不到都不好	[1]	[2]	[3]	[4]	[5]
13. 我做决定时会为了整体的和谐来调整自己	[1]	[2]	[3]	[4]	[5]
14. 我会参考其他人的想法和做法，以便和大家保持一致	[1]	[2]	[3]	[4]	[5]
15. 我做事情会考虑各种可能的状况	[1]	[2]	[3]	[4]	[5]
16. 我会在不同意见中找折中方案或平衡点	[1]	[2]	[3]	[4]	[5]

(续表)

描述	选项				
17. 我重视工作中获取新知识和技能的机会	[1]	[2]	[3]	[4]	[5]
18. 我重视那些能够让我实现价值的工作	[1]	[2]	[3]	[4]	[5]
19. 我重视那些能够让我提升能力的工作	[1]	[2]	[3]	[4]	[5]
20. 我工作的动力来源于薪水	[1]	[2]	[3]	[4]	[5]
21. 我工作动力来源于它能够为我带来晋升	[1]	[2]	[3]	[4]	[5]
22. 我工作的动力来源于一些其他福利	[1]	[2]	[3]	[4]	[5]
23. 我对我的工作充满热情	[1]	[2]	[3]	[4]	[5]
24. 我享受我的工作胜过其他任何事情	[1]	[2]	[3]	[4]	[5]
25. 从事我的职业让我有巨大的满足感	[1]	[2]	[3]	[4]	[5]
26. 为了我的职业，我会不惜一切代价	[1]	[2]	[3]	[4]	[5]
27. 每当向别人描述我是谁时，我通常首先想到的是我的职业	[1]	[2]	[3]	[4]	[5]
28. 即使面临重重困难，我仍将坚持选择从事我的职业	[1]	[2]	[3]	[4]	[5]
29. 我的职业将是我生命的一部分	[1]	[2]	[3]	[4]	[5]
30. 我对我的职业有一种使命感	[1]	[2]	[3]	[4]	[5]
31. 在某种意义上，我内心深处一直装着我的职业	[1]	[2]	[3]	[4]	[5]
32. 即使没有做这份工作时，我也常考虑要从事它	[1]	[2]	[3]	[4]	[5]
33. 投身目前的职业让我的生命更有意义	[1]	[2]	[3]	[4]	[5]
34. 从事我的职业能够深深地触动我的内心，给我带来喜悦	[1]	[2]	[3]	[4]	[5]

(3) 以下是一些关于您自身感受与行为的描述，请您认真阅读每一条描述，并判断它们与您相符的程度。判断没有对错或好坏之分，请根据您的实际情况认真判断并在符合的选项上勾选"√"。(1=非常不同意；2=不同意；3=一般；4=同意；5=非常同意)

描述	选项				
1. 我非常喜欢我的领导	[1]	[2]	[3]	[4]	[5]
2. 我和领导相处得很好	[1]	[2]	[3]	[4]	[5]
3. 对我而言，与领导共事是一件愉快的事情	[1]	[2]	[3]	[4]	[5]
4. 我认为，领导能够成为一个很好的朋友	[1]	[2]	[3]	[4]	[5]

（续表）

描述	选项				
5. 我会针对工作存在的问题，给领导提出建设性意见	[1]	[2]	[3]	[4]	[5]
6. 当我与领导观点不一致时，我会向领导表达我的看法	[1]	[2]	[3]	[4]	[5]
7. 我会指出团队中存在的问题	[1]	[2]	[3]	[4]	[5]
8. 管理者会听取我提出的意见	[1]	[2]	[3]	[4]	[5]
9. 我的看法能够获得领导的关注	[1]	[2]	[3]	[4]	[5]
10. 我能抓住机会向管理者提出意见	[1]	[2]	[3]	[4]	[5]
11. 我能给自己创造各种向同事展示我的观点的条件	[1]	[2]	[3]	[4]	[5]
12. 我能发现各种机会，向团队表达自己的观点	[1]	[2]	[3]	[4]	[5]
13. 无论哪种场合，我都能就组织中的事务表达自己的合理建议	[1]	[2]	[3]	[4]	[5]
14. 当提意见时遇到突发情况，我能有效控制该事件对我的影响	[1]	[2]	[3]	[4]	[5]
15. 我同意领导的大部分想法	[1]	[2]	[3]	[4]	[5]
16. 我会赞扬直接领导的成就	[1]	[2]	[3]	[4]	[5]
17. 我会在领导面前表现得很有礼貌	[1]	[2]	[3]	[4]	[5]
18. 我会在领导勉强表现得像模范员工，如午餐用时不超过规定时间	[1]	[2]	[3]	[4]	[5]
19. 我会主动帮助领导完成某个任务	[1]	[2]	[3]	[4]	[5]
20. 我不同意领导的大部分决定	[1]	[2]	[3]	[4]	[5]
21. 当我知道工作成果会被领导看到时，我会努力工作	[1]	[2]	[3]	[4]	[5]
22. 我会在办公室工作到很晚，表现自己很勤奋	[1]	[2]	[3]	[4]	[5]
23. 即使心里并不赞同，我也会在表面上赞同领导的大部分意见	[1]	[2]	[3]	[4]	[5]
24. 我会让领导注意到我的成就	[1]	[2]	[3]	[4]	[5]
25. 我会为领导提供一些私人帮助	[1]	[2]	[3]	[4]	[5]
26. 我会提早到达公司以便给领导留下好印象	[1]	[2]	[3]	[4]	[5]
27. 我会称赞领导的衣着或容貌	[1]	[2]	[3]	[4]	[5]
28. 我会在领导面前表现得比较友好	[1]	[2]	[3]	[4]	[5]
29. 我会对领导的个人生活感兴趣	[1]	[2]	[3]	[4]	[5]
30. 我会试图为所在的工作小组发生的积极事件负责	[1]	[2]	[3]	[4]	[5]
31. 我会试图让某个我负责的积极事件看起来比实际情况更好	[1]	[2]	[3]	[4]	[5]

(续表)

描述	选项				
32. 我会让领导知道我很努力地去做好自己的工作	[1]	[2]	[3]	[4]	[5]
33. 我会主动为上级做一些额外工作，提供私人帮助	[1]	[2]	[3]	[4]	[5]
34. 我会为一些消极事件负责，即使职责不全在我身上	[1]	[2]	[3]	[4]	[5]
35. 我会让领导觉得我是个好人	[1]	[2]	[3]	[4]	[5]
36. 我会试图让我所负责的消极事件看起来没那么严重	[1]	[2]	[3]	[4]	[5]
37. 我会为一些积极事件负责，即使并不是我应该负责的	[1]	[2]	[3]	[4]	[5]
38. 我会强调让我受到好评的积极事件的价值	[1]	[2]	[3]	[4]	[5]
39. 在我的生活中大多数方面与我的理想很接近	[1]	[2]	[3]	[4]	[5]
40. 我的生活非常有趣	[1]	[2]	[3]	[4]	[5]
41. 在大部分时间内，我有感到真正快乐的时刻	[1]	[2]	[3]	[4]	[5]
42. 我对自己的生活感到满意	[1]	[2]	[3]	[4]	[5]
43. 如果有来世，我几乎不会改变目前的生活方式	[1]	[2]	[3]	[4]	[5]
44. 我的生活状况非常好	[1]	[2]	[3]	[4]	[5]
45. 我的工作非常有趣	[1]	[2]	[3]	[4]	[5]
46. 总体来说，我对我从事的工作感到非常满意	[1]	[2]	[3]	[4]	[5]
47. 我总能找到办法来充实我的工作	[1]	[2]	[3]	[4]	[5]
48. 我对我具体的工作内容感到基本满意	[1]	[2]	[3]	[4]	[5]
49. 对于我来说，工作会是很有意义的一场经历	[1]	[2]	[3]	[4]	[5]
50. 我对从目前工作中获得的成就感感到基本满意	[1]	[2]	[3]	[4]	[5]
51. 总体来说，我对自己是肯定的，并对自己充满信心	[1]	[2]	[3]	[4]	[5]
52. 我很喜欢与家人或朋友进行深入的沟通，彼此了解	[1]	[2]	[3]	[4]	[5]
53. 我对于日常生活中的许多事务都处理得很好	[1]	[2]	[3]	[4]	[5]
54. 人们认为我肯付出且愿意和他人分享自己的时间	[1]	[2]	[3]	[4]	[5]
55. 我善于灵活安排时间，能够完成所有工作	[1]	[2]	[3]	[4]	[5]
56. 随着时间的流逝，我感觉自己成长了很多	[1]	[2]	[3]	[4]	[5]
57. 我在主要工作职责上工作质量高、品质完美、错误少、正确率高	[1]	[2]	[3]	[4]	[5]
58. 我在主要工作职责上工作效率高、执行工作快、工作量大	[1]	[2]	[3]	[4]	[5]
59. 我在主要工作职责上目标达成率高，能达成目标	[1]	[2]	[3]	[4]	[5]

(4) 以下是一些关于您与领导之间关系的描述，请您认真阅读每一条描述，并判断您对它们的认同程度。判断没有对错或好坏之分，请根据您的实际情况认真判断并在符合的选项上勾选"√"。(1=非常不同意；2=不同意；3=一般；4=同意；5=非常同意)

描述	选项				
1. 领导很关心我自身的职业发展	[1]	[2]	[3]	[4]	[5]
2. 领导帮助我调整职业目标	[1]	[2]	[3]	[4]	[5]
3. 领导对我的职业发展投入时间和精力	[1]	[2]	[3]	[4]	[5]
4. 我会向领导请教我的私人问题	[1]	[2]	[3]	[4]	[5]
5. 领导能够帮助我树立自信心	[1]	[2]	[3]	[4]	[5]
6. 我认为领导是我的朋友	[1]	[2]	[3]	[4]	[5]
7. 我把领导当作我学习和模仿的对象	[1]	[2]	[3]	[4]	[5]
8. 我佩服领导激励他人的能力	[1]	[2]	[3]	[4]	[5]
9. 我尊重领导教导他人的能力	[1]	[2]	[3]	[4]	[5]

(5) 以下是一些关于中国传统文化的描述，请您认真阅读每一条描述，并判断您对它们的认同程度。判断没有对错或好坏之分，请根据您的实际情况认真判断并在符合的选项上勾选"√"。(1=非常不认同；2=不认同；3=一般；4=认同；5=非常认同)

描述	选项				
1. 政府首脑相当于家庭中的大家长，所有事务都应遵循其决定	[1]	[2]	[3]	[4]	[5]
2. 避免犯错误的最佳方法是倾听长辈的意见	[1]	[2]	[3]	[4]	[5]
3. 在结婚前要遵从父亲的教导，结婚后要听从于丈夫	[1]	[2]	[3]	[4]	[5]
4. 如果父亲与丈夫产生不同的意见，需要家里的长辈出来主持正义	[1]	[2]	[3]	[4]	[5]
5. 父母爱孩子，而孩子也应该给父母同样的爱	[1]	[2]	[3]	[4]	[5]

(6) 以下是您的基本情况，请您根据实际情况填写。

性别：①男　②女

年龄：①25 岁及以下　②26～30 岁　③31～40 岁　④41～50 岁
⑤51～60 岁　⑥60 岁以上

工作前主要生活地：_____省_____市

您的婚姻状况：①已婚　②未婚

您的毕业院校：_____

学历：①高中及以下　②大专　③本科　④硕士　⑤博士

问卷到此结束，对于您的支持和帮助，我们再次表示感谢！

后 记

　　本书得到河北省社会科学基金(HB19GL042)的资助。笔者对于个体在组织中的认知、情绪与行为的兴趣源于博士研究生阶段在河北工业大学经济管理学院高素英教授的指导下开展的基于一项国家自然科学基金项目。在这之后的十余年间，作为一名人力资源管理和组织行为学领域的研究者，组织中个体的职业发展、人际互动和幸福感始终是笔者关注的焦点与兴趣所在。正是源于前期的积累与自身的研究兴趣，笔者于2019年获得了河北省社会科学基金项目的认可与资助，作为一名刚刚开启职业生涯的研究者，对此深感荣幸，备受鼓舞，也希望能通过不懈的努力获得扎实、可信的研究成果。

　　作为中国人力资源开发研究会京津冀协同发展人力资源开发研究中心系列专著之一，本书是面对世界"再工业化"浪潮下中国迫切寻求"制造强国"转型的历史契机，基于人格特质理论对我国制造业企业新型学徒制项目的有效性问题开展的理论构建与实证检验，尝试从微观层面破解我国"技能型人才匮乏"这一劳动力市场失衡的结构性问题，这也是响应国家将企业和市场作为技能人才开发主体的政策号召。

　　本书遵循实证研究范式，以主动性人格特质与谦逊人格特质作为东西方人格特质理论中的典型代表，探索了在制造业企业新型学徒制项目中不同人格特质对师徒双方的情绪、心理及行为的影响机制与边界条件，并讨论了在不同团队场景下新型学徒制项目对徒弟工作幸福感的作用机制与权变状况，为我国制造业企业开展新型学徒制项目提供了基于师徒匹配、人格培训、职业发展等经验数据的支持和指导。

　　在项目申报、研究实施与书稿撰写的过程中，笔者得到了河北经贸大学工商管理学院刘兵教授、陈亮教授、孟华兴教授、杨在军教授、郑伟波教授、石晓飞博士，以及河北省人力资源社会保障研究所邢明强研究员等专家学者的帮助和指导，特表感谢。河北经贸大学工商管理学院硕士研究生张锋、冯子耀、郭子瑞、马艺菲、周嘉怡、周永康、窦博文、鲍艳冬、杨宏博等同学参与了数据的收集与整理、初稿的校对与修正等工作，在此一并表示感谢。

　　由于笔者水平有限，并且制造业企业新型学徒制的实施现状、师徒双方的互动机制复杂多样，如有疏漏之处恳请读者批评指正。

许　龙

2023 年 1 月